Günter Funke / Rolf Kühn / Renate Stachura (Hg.)

Existenzanalyse und Lebensphänomenologie – Berichte aus der Praxis

D1673086

VERLAG KARL ALBER A⊢

Zu diesem Buch:

Es kommen hierin ganz unterschiedliche Stimmen zu Wort, die ihre alltägliche berufliche Praxis im Licht der Existenzanalyse und Lebensphänomenologie reflektieren, so wie diese in den beiden ersten Bänden grundgelegt wurden (Bd.1: *Einführung in eine phänomenologische Psychologie;* Bd.2: *Patho-genese und Fülle des Lebens. Eine phänomenologisch-psychotherapeutische Grundlegung*). Es zeigt sich, daß die ursprüngliche »Gewißheit des Lebens« als Zugänglichkeit zur »Sinnhaftigkeit« desselben keine nur theoretische Anforderung ist, sondern sich im heutigen kulturellen Kontext – einschließlich dessen Kritik – als realisierbar erweist. Daher ist dieses Buch letztlich auch keiner bestimmten Schulrichtung verpflichtet, sondern es wendet sich an alle, die von der Frage des Lebens berührt sind.

Die Herausgeber:

Günter Funke, Rolf Kühn und Renate Stachura sind Leiter bzw. wissenschaftliche Mitarbeiter am Institut für Existenzanalyse und Lebensphänomenologie Berlin (www.guenterfunkeberlin.de) und arbeiten in den Bereichen Familienberatung, Psychologie, Psychotherapie und Philosophie (s. auch Autorenverzeichnis am Schluß des Bandes).

Seele, Existenz und Leben

Band 3:

Günter Funke / Rolf Kühn /
Renate Stachura (Hg.)

Existenzanalyse und Lebensphänomenologie – Berichte aus der Praxis

Verlag Karl Alber Freiburg / München

Seele, Existenz und Leben

Herausgegeben von
Günter Funke, Rolf Kühn und Renate Stachura
Institut für Existenzanalyse und Lebensphänomenologie Berlin

Druckvorlage: Magdalena Stachura, Berlin

Originalausgabe

Gedruckt auf alterungsbeständigem Papier (säurefrei)
Printed on acid-free paper
Alle Rechte vorbehalten – Printed in Germany
© Verlag Karl Alber GmbH Freiburg / München 2006
www.verlag-alber.de

Einbandgestaltung: SatzWeise, Föhren
Druck und Bindung: AZ Druck und Datentechnik GmbH, Kempten
www.az-druck.de
ISBN-13: 978-3-495-48162-2
ISBN-10: 3-495-48162-1

Inhalt

Vorbemerkung

Die meisten Beiträge des vorliegenden 3. Bandes aus der Reihe „Seele, Existenz und Leben" sind aus Wochenendseminaren hervorgegangen, wie sie im Jahre 2003 am *Institut für Existenzanalyse und Lebensphänomenologie Berlin* veranstaltet wurden. Das Thema war „Leben und Wissenschaft" und die Teilnehmer referierten jeweils unter Bezug auf ihr eigenes Berufsfeld dessen theoretische wie praktische Vorgaben unter Einbeschluß existentieller Grundhaltungen und Konsequenzen. Auf diese Weise entstanden konkrete Erfahrungsberichte zum Bereich Medizin, Psychiatrie, Psychologie, Pädagogik, Sozialarbeit, und Religion, wie sie im Folgenden nachgelesen werden können. Einige ergänzende Beiträge zu Grundphänomenen wie Geschlechtlichkeit, Altern und Ästhetik traten hinzu, um die Verknüpfung existenzanalytischer und lebensphänomenologischer Thematik noch umfassender zu verdeutlichen.

Die jeweils persönliche Weiterführung und Vertiefung in den einzelnen Berichten verweist somit für den praktischen Vollzug beruflichen Tuns auf eine Verschränkung von Sinn und Leben, welche es erst erlaubt, den äußeren Hindernissen oder objektivistischen Beschränkungen entgegenzutreten, um eine individuell wie personal verantwortete Berufspraxis leben zu können. Insofern tendieren die mitgeteilten Erfahrungen der Seminarteilnehmer auf eine zugleich mitgegebene *Kulturanalyse* heute hin, wie sie sich das Berliner Institut im phänomenologischen Sinne des weiteren zum Ziel gemacht hat. Die Herausgeber freuen sich sehr darüber, daß die Seminarteilnehmer neben ihrer engagierten Berufstätigkeit die Mühe auf sich genommen haben, ihre Texte für diesen Sammelband zu überarbeiten und zur Verfügung zu stellen. Denn somit wird nicht weniger bewiesen als die Tatsache, daß die Beteiligten selbst das Potential einer ebenso kritischen wie vertiefenden Reflexion in sich tragen, auf der jede „Lebenskultur" aufbauen sollte, anstatt sich die lebensweltlichen Vorgaben nur von „Spezialisten" verordnen zu lassen.

Neben der „Einführung in eine phänomenologische Psychologie" (Band 1) und einer „Patho-genese als Fülle des Lebens" (Band 2) bezeugt somit dieser 3. Band als „Berichte aus der Praxis", daß das Leben des Einzelnen nicht nur eine prinzipielle Würde und Einmaligkeit besitzt, sondern jedes Individuum ebenfalls in der Lage ist, die soziale wie gesellschaftliche Wirklichkeit im Sinne eines Austausches von „Gemeinschaftlichkeit" zu analysieren und zu befruchten. Existenzanalyse wie Lebensphänomenologie tragen damit zu der Notwendigkeit bei, die gegenwärtig anstehenden Probleme vom Erleben des je eigenen inneren Empfindens her neu zu sehen und zu verändern, anstatt die Zukunft allein einem anonymen Prozeß ablaufender Rationalisierungen zu überlassen. Sollte dieser Band daher für eine solche gemeinschaftliche Erfahrung, Reflexion und Diskussion auch in anderen Zusammenhängen Mut machen, dann wäre damit ein zusätzliches Zeichen über den eigenständigen Wert eines jeden Berichtes hinaus gesetzt – daß nämlich rein phänomenologische und existenzanalytische *Individualität* nicht Herauslösung aus gemeinschaftlichen Aufgaben bedeutet, sondern eben deren Inspiration und Dynamisierung. Etwas, das nicht vom Sinn und Wert der einzelnen Individuen herrührte, vermag es nicht zu geben, so daß alles, was ist, nur widerspiegelt, wer wir (noch nicht) sind. In der Vertiefung individueller als lebendiger Kraft haben Pessimismus und Zynismus keinen Platz.

Berlin, im Winter 2005   Die Herausgeber

I. MEDIZIN UND PSYCHIATRIE

Psychiatrie und Lebensphänomenologie

MARTIN SCHADT

Ein warmer Sommerabend in Südfrankreich. Die kleine Tochter fragt: „Papa, was macht ein Philosoph?" Eine etwas überraschende Frage. Nach kurzem Überlegen der Vater: „Er stellt Fragen." „Was für Fragen?" „Nun, zum Beispiel die Frage: woher weiß ich, daß ich bin?" Ein Strahlen geht über das Gesicht der Tochter: „Das ist doch eine einfache Frage!" Etwas überrascht der Vater: „Warum denn?" Die Tochter selbstgewiß: „Ich spüre mich doch!"

Ein Abschlußgespräch am Ende einer längeren stationären psychotherapeutischen Behandlung. Die Patientin: „Ich fürchte mich nicht vor den anderen, davor kann ich die Tür verschließen, ich fürchte mich vor mir selbst, wovor ich keine Türe schließen kann."

Ob und inwieweit die Lebensphänomenologie einen wesentlichen Beitrag zum Verständnis psychiatrischen und psychotherapeutischen Handelns leisten kann, was dies mit dem Sommerabendgespräch in Südfrankreich und der zitierten Äußerung der Patientin zu tun haben könnte, soll im Folgenden erörtert werden.

Daß die Philosophie Wesentliches zum Verständnis der Phänomene, mit denen sich die Psychiatrie und Psychotherapie auseinandersetzt, beizutragen hat, erscheint auf den ersten Blick wenig naheliegend. Wesentliche Erfolge in der therapeutischen Arbeit und psychiatrischen Behandlung sind schließlich dem immens gewachsenen Wissen über die Funktionsweise des Gehirns dank der diagnostischen Möglichkeiten und den sich daraus ergebenden Behandlungsmöglichkeiten geschuldet, so daß die Psychiatrie schon als „angewandte Neurowissenschaft" bezeichnet wird. Michel Henry (2005, 52) selbst äußert sich über psychotherapeutisch und psychiatrisch Tätige in einem Text über die Bedeutung der Wissenschaft und der sich aus seiner Sicht daraus ergebenden seelischen Verfassung heutiger Menschen in polemischer Weise, wenn er sagt: „Insoweit sie sich (das heißt die vereinsamten Individuen) noch selbst um ihre persönliche Existenz bemühen, können sie sich an irgendeinen Psychotherapeuten, Psychoanalytiker oder Psychiater wenden, der allerdings nicht damit beauftragt ist, ihnen positive Werte aufzuzeigen, an welche diese neuen Lehrmeister nicht mehr als die ersteren glauben, sondern um ihnen ‚leben' zu helfen, sich selbst sowie zugleich die unerträgliche Gesellschaft zu ertragen, in welche man sich trotz allem ‚einzufügen' hat."

Diese zugleich politische Kritik verweist auf die zentralen Anliegen von Henry und der Lebensphänomenlogie. In dem folgenden Beitrag wird daher versucht, wesentliche Grundzüge der Lebensphänomenologie darzustellen und nach ihrer möglichen Bedeutung für die therapeutische Arbeit zu fragen. In den Fallvignetten geht es nicht darum, eine „lebensphänomenologische Therapiemethodik" aufzuzeigen, sondern wie im Gespräch mit dem Patienten (zu lat. *pati* = dulden) zentrale Themen der Lebensphänomenologie auftauchen und wie diese Äußerungen möglicherweise geborgen werden können, um dem Leben zu seinem „Recht" zu verhelfen.

1. Phänomenbegriff und Lebensrealität

Das Anliegen der Phänomenologie nach Edmund Husserl ist es, einen Erkenntnisgewinn unabhängig von Vor-Urteilen und Existenzannahmen zu gewinnen, sich an „den Sachen selbst" zu orientieren. Davon ausgehend, stellt Henry mit der Lebensphänomenologie die Frage, *wie* das Leben als solches erscheint. Radikaler formuliert, fragt er nach der Ermöglichung allen Erscheinens als nicht mehr hintergehbarer Gewißheit und Realität. Er grenzt sich damit vom Phänomenbegriff der Phänomenologie Husserls ab, der im folgenden kurz aufgezeigt wird.

„Phänomen" kommt vom griechischen Verb *phainesthai*, das in sich die Wurzel <u>pha-</u>, *phos* trägt, die das Licht bedeutet. *Phainesthai* bedeutet „sich zeigen", in dem etwas ans Licht, an das Licht der „Welt" kommt. Unter Welt ist dabei nicht die Summe aller Dinge oder alles Seienden zu verstehen, sondern der Lichthorizont, in dem sich die Dinge in ihrer Eigenschaft als Phänomene zeigen. Dies führt zu dem bislang gültigen Wahrheitsbegriff des abendländischen Denkens, der unter Wahrheit genau diesen Lichthorizont versteht, den Akt des Ins-Licht-tretens und des darin Offenbar-werdens. Nur das, was in diesem Licht der „Welt" offenbar wird, sich darin zeigt, „ist". Wahr ist, was sich zeigt. Der Gemeinsinn verkürzt diesen Wahrheitsbegriff auf die Aussage: „Ich glaube nur an das, was ich sehe". Aus diesem Wahrheitsbegriff leitet sich auch der Begriff des Bewußtseins ab, nämlich als ein Bewußtsein von etwas. Das, was im Licht des Bewußtseins erscheint, sind die Objekte des Bewußtseins, die das Bewußtsein vor sich setzt, indem es sie vor-stellt. Der Akt des Vor-Stellens ist das Bewußtsein. Das Vor-gestellte ist das Ob-jekt (lat. *obiectum* = das Entgegengeworfene), der Gegenstand, der durch die Tatsache des Vor-gestellt-seins erscheint, ins Licht tritt, mithin das Phänomen im Sinne des Aktes des Ins-Licht-kommens. Der Ort des Ins-Licht-kommens, der „Vor-stellung, ist das „Außen" der Welt.

Dadurch existiert eine Sache für uns nur, wenn sie sich in diesem Außen als Phänomen, als Erscheinendes, zeigt. Dies führt zu einer Distanz zwischen Erscheinendem und dem Ort des Erscheinens, wodurch beide für immer voneinander different bleiben. Der Ort des Erscheinens, die Welt, und das darin Erscheinende sind voneinander verschieden, so daß in der Welt nie eine „Be-gründung" oder Rechtfertigung für das Sichzeigende und damit für sein „Sein" zu finden sein wird. Somit vermag das Licht der Welt nichts, was in ihm erscheint, zu begründen und ihm Existenz zu verleihen – es entbirgt, ruft aber nichts ursprünglich hervor.

Dieser Wahrheitsbegriff entspricht ebenfalls dem wissenschaftlichen Wahrheitsbegriff, welcher etwas für wahr anerkennt, wenn es unbestreitbar allseits anerkannt werden muß, weil es ins „Da" gestellt ist, das heißt objektiv ist und von jedem gesehen, festgestellt und verifiziert werden kann. Sämtliche Erscheinungen können so auf wissenschaftliche Kriterien zurückgeführt und erklärt werden. Leben ist in diesem Zusammenhang durch Bewegung, Fortpflanzung, Ernährung und weitere objektive Kriterien bestimmbar und evident (von lat. *videre* = sehen).

Diesem Welt- und Wahrheitsbegriff steht der Begriff des phänomenologischen „Lebens" nach Michel Henry entgegen. Das „Leben" ist nicht „wahr" in dem Sinne, daß es sich zeigt, denn damit würde es nichts über die dem „Leben" eigene Wahrheit aussagen, sondern es gliche jedem anderen beliebigen Phänomen. Leben im Sinne von Henry ist nicht die Summe bestimmter biologischer und physikalischer Merkmale, sondern als phänomenologisches Leben ist es nicht ver-äußerbar an ein „Vor", um sich selbst in jedem Sinneseindruck zu erfreuen und zu erleiden. Damit ist gesagt, daß die Offenbarung des Lebens von nichts anderem abhängt und sich selbst in sich offenbart. Damit kennt das „Leben" im Gegensatz zum Welt-Erscheinen keinen Abstand zu sich selbst; es ist Erscheinen und Erscheinendes zugleich, es ist das Offenbarte und der Ort der Offenbarung zugleich. Henry spricht in diesem Zusammenhang von der Selbstoffenbarung des Lebens.

Das „Wie" dieser Offenbarung ist nach Henry die *Selbstaffektion*, welche sich im Empfinden und Fühlen ihrer selbst als ein „Sich" ohne jede Distanz durch ein Denken oder Sehen ereignet. Das in dieser Selbstaffektion Affizierende ist nichts Fremdes oder Äußeres, keine „Welt", sondern es ist das Leben selbst, welches sich vor allem anderem als das Leben affiziert, sich selbst umschlingt, wie Henry sagt. Diese Selbstumschlingung des Lebens ist die allertiefste Gewißheit, die sich in sich selbst empfindet. Es ist die Gewißheit, durch sich selbst in seinem Sich-spüren es selbst zu sein, womit der Bezug zu dem eingangs erwähnten Sommerabend in Südfrankreich hergestellt ist.

Da das Leben, wie bereits dargelegt wurde, ohne Horizont ist, entfällt auch die Frage nach einem „Warum" des Lebens. Es gibt kein Außer-sich-Seiendes, dem es sich selbst, seine Offenbarung verdankte und dem gegenüber es eine Rechenschaft schuldig wäre. Ein „Warum" setzt immer voraus, daß es einen vorausliegenden Horizont, ein „Außen" gibt, auf den es verweist. Von diesem Frage-Horizont käme das (befragte) Leben auf sich selbst zurück, um von diesem Horizont her nach sich zu fragen. Die „Warum"-Frage zu stellen, bedeutet daher in Bezug auf das Leben seine Ent-Äußerung. Es hat sich dann vor einer Instanz außerhalb seiner selbst zu rechtfertigen – zu antworten, warum es ist, was es ist; Antwort zu geben auf die Frage, warum und in welcher Absicht es das Leben ist.

So sinnwidrig diese Fragestellung in dem dargelegten Zusammenhang auch erscheinen mag, so alltäglich ist sie jedoch. Im wissenschaftlichen Kontext hat das Leben zu beweisen, daß es das Leben ist, indem es ihm fremden Kriterien zu genügen hat. Dieser ver-äußerte Blick ent-deckt, läßt das Leben in der Außenheit erscheinen, ohne das Entdeckte geschaffen zu haben, ohne Rechenschaft darüber abzugeben oder einen Grund für das Entdeckte zu nennen. Derart in das Licht der „Welt" gezerrt, allen Blicken preisgegeben, vor den eigenen Blick gestellt und sich darin nun fremd geworden, bietet das An-gesehene einen be-fremdenden, mitunter peinlichen Anblick. So wird der Gesang eines Kindes, das aus vollem Herzen singt, wenn es den Ton nur knapp trifft, eben objektiv falsch. Es wird dann in der Kritik mit seiner Nacktheit, mit der Entblößung seiner Lebendigkeit konfrontiert und durch die Anmaßung eines Blicks von außen um seine Lebensäußerung, sein Singen als Lebens-Steigerung, beraubt. Das Kind schämt sich; seine Lebendigkeit als sein Selbst-sein wird zur Quelle der Scham und Pein.

Wenn nun das Leben ohne ein „Warum" ist, dann kann keine Lebensäußerung, kein Gefühl – und erschiene es zunächst auch noch so unbegründet und unberechtigt – vor sich selbst oder dem Leben Rechenschaft ablegen. Das Leben muß bei keinerlei äußerer Realität oder Autorität um den Grund seines Erscheinens nachsuchen, benötigt keinen Be-gründungs-Horizont, von dem aus es sich im Verstehen erst selbst empfangen würde, weil es sich in sich selbst offenbart. Henry spricht in diesem Zusammenhang von der schon genannten „Selbstumschlingung" des Lebens, in dem das Leben das sich Offenbarende und zugleich das sich selbst darin Empfangende ist und in seiner Freude über sich selbst darum „weiß", daß es gut ist. Dieses Wissen schöpft sich nicht aus einer Rückschau auf das Erfahrene im zeitlichen Abstand, sondern vielmehr aus der Tat-„sache" des sich selbst erprobenden Erfahrens, welches das „Sich" wissen läßt, daß es gut ist. Gut bedeutet, daß es keines Hinzutuns bedarf, keines Nachweises einer Nützlichkeit oder Sinnhaftigkeit, sondern daß sich das Leben aus sich selbst heraus genügt, ohne seine Legitimation einem Außen zu verdanken.

„Der Vollzug des Lebens ist damit die ‚Zustimmung' des Lebens in sich selbst zu sich selbst durch sich selbst," schreibt R. Kühn (1996,140) und führt damit an den Grund der Güte des Lebens heran. Meister Eckehart sagt dazu: „Und wiederum ist kein Leben so schlimm noch so beschwerlich, daß der Mensch nicht dennoch leben wollte [...]. Aber: Warum lebst du? Um des Lebens willen und du weißt dennoch nicht warum du lebst. So begehrenswert ist das Leben in sich selbst, daß man es um seiner selbst willen begehrt." (1979, 184). Es ist jener Faden, der das Leben an es selbst bindet und es bisweilen bis an die Grenze der Unerträglichkeit führt.

2. Selbstaffektion, Angst und Trieb
In der Terminologie Henrys ist dies die Selbstaffektion: „Es ist in der Tat dem Leben eigentümlich, sich selbstzuaffizieren. Diese Selbstaffektion (Auto-Affektion) definiert sein Erleben, das ‚Sich-selbst-Erfahren', in dem es besteht. Affektion will im allgemeinen besagen: Offenbarwerden oder Manifestation. [...] Was mich in der Selbstaffektion affiziert, ist gerade nichts Fremdes oder Äußeres mehr mir gegenüber, der ich affiziert bin, kein Weltgegenstand und infolgedessen auch nicht die Welt selbst. Was im Fall der Selbstaffektion affiziert, ist das Selbe wie das Affizierte. [...] Eine Freude kann sehr wohl durch ein Ereignis in der Welt erklärt oder darauf bezogen werden. In sich selbst in ihrer reinen Affektivität und als das reine Erleben betrachtet, in dem sich ihre Wirklichkeit erschöpft, ist diese Freude nur eine pathische Modalität des Lebens, eine Weise, wie sich das Leben erfährt." (1997, 148 ff.)

Er unterscheidet von der zitierten Definition der Selbstaffektion, als dem „schwachen" Begriff der Selbstaffektion, den

„starken" Begriff der Selbstaffektion: „Auf der anderen Seite jedoch bringt das Leben selbst den Inhalt seiner Affektion hervor, jenen Inhalt, der es selbst ist. [...] Genau gesagt erschafft das Leben ihn nicht, der Inhalt des Lebens ist ungeschaffen. Es zeugt ihn, es gibt sich diesen Inhalt, der es selbst ist. [...] Diese Selbstgebung, die eine Selbstoffenbarung ist, ist eine transzendentale Affektivität, ein Pathos, in dem jedes Sich-selbst-Erfahren eben als pathisches, als affektives, im tiefsten Grund seines Seins möglich ist. [...] Es ist diese Zeugung durch sich seitens des Lebens, die der starke Begriff der Selbstaffektion anzeigt. [...] Dieser starke Begriff der Selbstaffektion ist der des absolut phänomenologischen Lebens." (Ebd. 150) Diese Zeugung wird von Henry auch als transzendentale Geburt bezeichnet, denn es ist die Situation eines jeden, sich als lebendiges „Sich" vorzufinden, ohne sich fragen zu können, ob es hat in sich kommen wollen oder nicht.

Und so wird diese erzeugende Selbstaffektion zu einer Quelle der Angst, die von dem Gefühl herrührt, sich ohne eigenes Zutun im Leben zu erfahren, in seinem Sich-selbst-Erfahren unabänderlich für immer an sich selbst gebunden zu sein – sich niemals entkommen zu können. Diese Angst führt jedoch zu dem Versuch, in allem Tun der Beladenheit mit sich selbst zu entfliehen. Die Gesamtheit der Verhaltensweisen, die diese Angst hervorruft und durch welche sie ihrerseits sich zu entfliehen versucht, bezeichnet Henry als Trieb: „Der Trieb ist die unablässige Anstrengung des selbstaffizierten Lebens, das heißt: ständig von sich selbst bestürmt, unter seinem eigenen Gewicht erdrückt, um diesem zu entfliehen, sich von sich selbst zu lösen. Angesichts der Unmöglichkeit, in der das Leben sich befindet, um dieses Band zu zerreißen, das es unbezwingbar an es selbst bindet, versucht es folglich, sich selbst zu verändern, sein Leiden in Freude zu verwandeln – was das Prinzip seines Handelns, einer jeden denkbaren Handlung hierbei ausmacht." (Ebd. 153) Dieses Sich-selbst-Erleiden, diese rein affektive „Selbstumschlingung" läßt keine Wahl; sie ist wie eine Gewalt vor jeder Freiheit. Es ist dieses „Vor-sich-selbst-nie-die-Türe-verschließen-können", wie es eingangs die zitierte Patientin formulierte, nie eine Pause vom Leben zu haben. Um diese Spannung erträglich werden zu lassen, wird in der Anstrengung der Affekt zur Kraft. Dieser Trieb ist insofern „unbewußt", als daß er nicht ins „Vor" gestellt ist, sondern als Affekt jede Äußerlichkeit von sich ausschließt.

3. Psychiatrische und therapeutische Relevanz

Es stellt sich nach den Ausführungen über Henrys Denken nochmals die Frage, welche Relevanz ihnen für das therapeutische Handeln zukommt. Henry sah zwar in seiner intensiven Auseinandersetzung mit der Psychoanalyse (1985) durchaus eine Relevanz der Lebensphänomenologie für die Psychotherapie, ohne aber eine neue „Schule" zu gründen. Im Zentrum einer „Psychopathologie" unter lebensphänomenologischen Gesichtspunkten steht das zwangsläufige Scheitern der Flucht vor der Gewalt des Lebens in seiner Selbstumschlingung, vor der unaufhebbaren Bindung des Lebens an sich selbst. Die zitierte Patientin äußerte sich zum Abschluß einer längere Suchttherapie, in der es darum ging, daß sie sich in ihrem Fühlen selbst und den Blick, den sie von „außen" auf sich warf, nicht ertrug – und dies war Anlaß für sie mittels des Alkohols, sich von sich vorübergehend zu verabschieden.

In der Arbeit mit Menschen, die an Abhängigkeits-Erkrankungen leiden, berichten diese, daß jedes Gefühl, auch die Freude, nicht zu ertragen ist, da auch diese sich mit sich selbst unerträglich affiziert sein läßt. Dieses Gefühl, ein „Sich" zu sein, bleibt ohne angemessene Antwort; ohne eine Antwort, die der Kultur entspräche, wenn Kultur im Sinne Henrys ein Tun ist, das das Leben an sich ausübt und wodurch es sich selbst verändert, indem es dabei selbst das Verändernde wie das Veränderte ist (1994, 81). Sich in seinem Empfinden auf ein Außen, einen Horizont zu beziehen, stellt gewissermaßen die „Außenseite" des Versuchs dar, sich selbst zu entkommen.

Es können Horizont beispielsweise im Sinne tatsächlicher oder vermuteter Vorstellungen und Erwartungen anderer an mich selbst sein oder Erwartungen, die ich an mich selbst richte. So beschrieb eine Patientin die Konfrontation mit einer therapeutischen Gruppensituation als ein Gefühl völliger Selbstauflösung. Sie wußte nicht mehr, wo ihr Platz und ihre Aufgabe war, was sie zu tun hatte und was sie sich wert war, da sie in der Begegnung mit den anderen keine Argumente mehr gehabt hatte, die für sie sprachen. Sie sah keine Möglichkeit mehr, sich „nützlich" zu machen und so Tat-Sachen zu schaffen, die für die Berechtigung ihrer Existenz gesprochen hätten. In der Folge begann sie, sich selbst zu entwerten, schämte sich ihrer selbst und hätte sich am liebsten ihres Lebens entledigt. In der Nachbesprechung dieser Situation nach längerer Zeit schilderte sie Erfahrungen, die sie in der Meditation macht, bei der sie sich im „Mittelpunkt aller Mittelpunkte" fühlt, raumlos – die „Leere" ist alles, was bleibt. Sobald sie sich wieder sieht, der Blick hinzukommt, droht ihr ihre Energie verloren zu gehen, da sich das Gefühl einstellt, sich selbst und alles andere nicht verdient zu haben. Auch hier erscheint wieder die Thematik des Nicht-selbst-Seinwollens und Nicht-selbst-Seindürfens, da das Leben nicht genügend „verdient" auftritt.

Der angemaßte Blick im zeitlichen Abstand, aus der Distanz auf sich selbst ist das Thema der Scham. Eine Begegnung mit einer anderen Person, die von einem Patienten in der Situation selbst als stimmig erlebt wurde, wurde in der Erinnerung jedoch zum Zerrbild. Er überzog sich mit Selbstvorwürfen und hatte das Gefühl im Nachhinein, vor Scham im Boden versinken zu müssen.

Gemeinsam in allen vorgestellten Schilderungen der Patienten ist der Schmerz des sich unabweisbaren Selbst-ertragen-Müssens, welcher nicht ein einzelnes Gefühl ist, sondern jene grundlegende Affektivität der Selbstaffektion, welche das Leben ist. Dieses kann jedoch nicht erkranken und stellt auch im tiefsten Leiden den letzten und verläßlichen Grund dar. Das Anliegen der Lebensphänomenologie ist es daher, die lebendige Subjektivität (lat. *subiectum* = das „Untergelegte", Vorausliegende) wieder ins Recht zu setzen. Für die therapeutische Arbeit bedeutet dies den Verzicht auf deutende „Horizonte", wo-

bei Deuten ein „Für-den-anderen-wissen" meint, das schluß-
endlich eine Veräußerung des Lebens beinhaltet. Dies bedingt
keineswegs den Verzicht von Methodik und Theorie, weist ihnen aber jene unabdingbaren Grenzen zu, die es ihnen verweh-
ren, Leben auf ein „Nicht-mehr-als" zu reduzieren.
Lebensphänomenologie in der therapeutischen Praxis ist
vor allem eine Haltung, die zunächst jeder Äußerung des Lebens Raum gewährt und jedes Gefühl – sei es als auch noch so
unwürdig empfunden – er-trägt, ihm seine Gründung im Leben
gewährt und es damit unabhängig von jeder Interpretation
„sein" läßt. Schließlich führt dies dazu, daß das Genügen des
Lebens aus sich selbst heraus, sein Gutsein, durch alle Verwir-
rungen, Vor-Urteile und Ängste hindurch wieder zu dem Patienten spricht, das Gutsein des Lebens auch wieder als *sein* Gutsein erfahrbar wird. Als Lebendige hat das Leben uns schon
immer gut geheißen und bejaht: eine Zusage, die unwiderruflich
ist, gleich wie groß das persönliche „Versagen", die Scham, die
Selbstwertzweifel auch sein mögen.

Angst im Krankenhaus

Der Verlust der dreidimensionalen Sicht vom Menschen

JUTTA KAHLEN

Gerade im Krankenhaus erfährt der Mensch nicht selten jäh die Grenzen seines Könnens und die Realität seiner Verlassenheit, wird er mit Tod, Versagen und Einsamkeit konfrontiert. Nun hat er endlich Zeit oder zwingt es sich ihm auf, tiefer über sich und sein Leben nachzudenken. Wenn auch hier – wie durch die „Krankenhaus-Politik" der letzten Jahre gefordert – nicht mehr Sinn und Sein, Reflexion und Begegnung, sondern reibungsloses Funktionieren, Ehrgeiz und Wirtschaftlichkeit im Vordergrund stehen, nehmen die dort ohnehin schon auf den kranken Menschen einstürzenden Bedrohungen ein unerträgliches Ausmaß an. Die existentielle Angst nimmt weiter zu und erfasst auch das sich dieser Entwicklung hilflos ausgesetzt sehende Personal. Die Helfer selbst werden zunehmend hilfsbedürftig.

Logotherapie und Existenzanalyse sind besonders geeignet, solche existentiellen Ängste aufzudecken und abzubauen. Hier wird der Mensch in seiner Dreidimensionalität erfasst, das heißt, neben Körper und Psyche, wird auch auf seine *geistige Dimension* eingegangen. Diese durchdringt Soma und Psyche und ermöglicht erst die Transzendenz, die die Freiheit des Menschen ausmacht.

1. Ursachen der Angst im Krankenhaus

Wer notfallmäßig ins Krankenhaus eingeliefert wird, fühlt sich einem ungewissen Schicksal ausgeliefert; und wer freiwillig geplant und „auf eigenen Beinen" kommt, gibt sozusagen bei der Anmeldung sein praktisches Selbstbestimmungsrecht ab. Der Patient lässt meist auf unbestimmte Zeit alles Vertraute zurück: Familienangehörige, gewohnte Tagesabläufe, vertraute Räume und Speisen, die gewohnte Rolle in Beruf und Familie, die Möglichkeit eines allseits respektierten Alleinseins bei Bedarf. Er tut das nicht, um einfach einmal ein paar Tage lang alternativ zu leben, sondern wegen besonders belastender Lebensumstände: er ist ernsthaft krank.

Und so übernimmt er denn meist rasch die von ihm erwartete Rolle des Patienten, teils weil er keine Energie mehr hat, es nicht zu tun, teils weil er einsieht, dass das wohl das Klügste ist. Diese Rolle stellt hohe Anforderungen an ihn: die Fähigkeit, Tag und Nacht mit ihm bisher unbekannten Menschen auf engstem Raum zu verbringen; die Bereitschaft, seine Schamgrenze bezüglich Demonstration von Körper und Lebensgeschichte Fremden gegenüber zu verschieben; die Bereitschaft, Anordnungen, deren Sinn er oft nicht begreift und ihm auch nicht erklärt werden, sofort zu befolgen; die Courage, Untersuchungen und Behandlungen zuzustimmen, die ihm wahrscheinlich Schmerzen bereiten, möglicherweise bleibende Schäden hinterlassen oder ihn gar das Leben kosten.

Was ihm in gesunden Tagen vielleicht gerade an diesem Krankenhaus so vertrauenerweckend erschien, macht ihm nun wegen der Unberührbarkeit eher Angst: der weltberühmte Professor als Chefarzt, der nur privat behandelt und gerade auf Kongress ist; die technisch perfekten Apparate, die alle wichtigen Funktionen seines Körpers übernehmen könnten; das hochempfindliche Überwachungssystem, das jede Abweichung von der Norm sofort meldet; die Stationsschwester mit abgeschlossenem Hochschulstudium in Pflegewissenschaften, die unermüdlich die Pflegedokumentation überwacht und das fachliche Können des Stationsarztes diskret in Zweifel zieht; die Menge von Spezialisten, die gewissenhaft und – sicher um ihre kostbare Zeit besser zu nutzen – überwiegend wortlos ihre Pflicht erfüllen ...

In dieser Not des Ausgeliefertseins, in der nicht nach seiner Leistung, nach seiner Position im Leben, nach seiner Kostbarkeit als geliebter Ehemann und Vater, sondern nach seinen Schwächen und Defekten gefragt wird, sehnt sich der Patient nach einem Menschen, der *ihn* sieht als *Person*, nicht als Krankheit, als „Galle von Zimmer sieben", als „die zweite Coloskopie von heute früh", als „die Verlegung von morgen". Doch offensichtlich hat die Arbeitshetze den Professionellen hierfür längst den Blick vernebelt. Und der freundlich aussehende Arzt von der Visite am ersten Tag ist erst übermorgen wieder für diese Station eingeteilt, im Dienstplan ist ja jeder nahtlos ersetzbar. So bleibt noch das Gespräch mit den Bettnachbarn, die vielleicht schon Ähnliches überlebt haben und – am Schicksal des Geängstigten tatsächlich ehrlich interessiert – wohltuend Sicherheit verbreiten. Zumindest haben sie Zeit.

Aber es kann auch gerade das Gegenteil eintreten: ein Mitpatient wird selbst mit seinem Schicksal nicht fertig und überschüttet nun den Neuankömmling zusätzlich mit seinen Ängsten und Sorgen. Nicht weniger ängstigend und belastend ist die Konfrontation mit dem unerwarteten Tod eines Bettnachbarn, obwohl das Personal sich alle Mühe gibt, ihn zu vertuschen.

So bekommt der Tod eine neue Dimension: er springt vom *„man stirbt"* zum *„Du und ich"*, vom *„einst im hohen Alter"* zum *„hier und jetzt"*. Das ist nicht länger der routinemäßige Sensationskitzel, der einen befällt, wenn man bei Bier und Knabberzeug vor dem Fernseher die Kriegs- und Unfalltoden des Tages konsumiert. Der Tod ist das einzig Sichere im Leben jedes Menschen, zumindest hier sind und bleiben alle Menschen gleich. Der Tod hat mit dem Leben zu tun; wer ihn tabuisiert, vertuscht Leben. Hier wird es existentiell, auch das spüren viele Patienten. Wird mit dem Tod nun auch im Krankenhaus so wie im Fernsehen umgegangen (das Fernsehmotto „wenn es zu viel wird, schnell ein anderes Programm" könnte für das Krankenhaus lauten „dafür haben wir jetzt keine Zeit"), so fühlt der Patient sich irgendwie betrogen. Da wird etwas Existentielles auf der falschen Ebene abgehandelt, nicht für voll genommen – und Unsicherheit und Angst nehmen zu.

Den Eindruck der „falschen Ebene" bekommt der Patient nicht selten auch durch die Art der körperlichen Untersuchung und Anamneseerhebung. Die sachliche Aufforderung, sich vollständig auszuziehen und die gestellten Fragen möglichst knapp zu beantworten, das Ganze oft auch vor Augen und Ohren von Mitpatienten und nicht weiter vorgestelltem Personal, verlangt nicht selten eine rasche und radikale Umstellung der Werte.

Was bisher durch die Scham geschützt zum Eigensten gehörte oder ein mit nur wenigen Vertrauten geteiltes Geheimnis war, wird sozusagen vor allen „auf den Tisch geknallt". Normalerweise sorgfältig kaschierte, durch Krankheit verunstaltete Körperteile oder die bisher nur den Blicken des liebenden Partners vorbehaltenen Körperregionen freizulegen oder zügig mit ja oder nein die Fragen nach psychiatrischen Erkrankungen, Abtreibung oder Selbstmord in der Familie zu beantworten, damit der Anamnesebogen vollständig ausgefüllt ist, erweckt beim Patienten den Eindruck, nun eine Sache geworden zu sein, ein kleines Stück vom „Krankengut" des Hauses.

Ängste finden sich daher auch zunehmend beim Personal, und zwar auf allen Ebenen. Die Versagensangst ist sicher am häufigsten und ausgeprägtesten bei Ärzten anzutreffen. Diese müssen nicht selten ohne entsprechende Ausbildung und Erfahrung (Personalabbau) alleine weitreichende Entscheidungen treffen oder Behandlungen auf Anhieb erfolgreich durchführen. Die Übermüdung durch unzählige Überstunden tut das ihrige dazu. Ein Versagen kann Imageverlust (Zeugen im Arbeitsteam; gerichtliche Kunstfehlerprozesse) und lang anhaltende Schuldgefühle zur Folge haben. Je nach vorherrschendem Klima im jeweiligen Arbeitsteam (Wohlwollen und Vertrauen *versus* Konkurrenz und Kontrolle) wird die Versagensangst abgemildert oder geschürt. Es besteht auch die Gefahr, mehr die Erfolgsstatistik im Auge zu haben als das individuelle Wohl des Patienten; man arbeitet am Krankengut, nicht mehr für und mit dem kranken Menschen, was auf Dauer auslaugt und verunsichert.

Das Pflegepersonal leidet ebenfalls unter der zunehmenden Überforderung durch Personalabbau. Hier steht noch mehr die Enttäuschung, sich nicht mehr dem kranken Menschen wirklich widmen zu können, im Vordergrund. Viele Schwestern spüren die Umkehr der Werte und leiden darunter: Pflegedokumentation und nachvollziehbare Verrichtungen werden von den Krankenkassen – und somit auch von der Krankenhausleitung – vorrangig gefordert und damit höher bewertet als persönliche Zuwendung. Das führt zu Überforderung durch Sinnverlust und Verunsicherung im Sinne des *Burn-Out*: das Herz wird von den Händen abgekoppelt, Routine ist gefragt. Für einige ältere Schwestern wird auch das durch die Apparatemedizin zunehmend geforderte technische Verständnis, das sie nur mühsam aufbringen können, zu einem Angst auslösenden Problem.

Jede Konfrontation mit Tod und Sterben bedeutet des weiteren ein Wiederaufleben der Ängste und Unsicherheiten, die der Tod nahe stehender Menschen einmal für einen selbst bedeutet hat. Ein zunehmendes Verdrängen des Todes im Krankenhausalltag trägt hier keineswegs zur Verarbeitung bei.

Die Ängste der Angehörigen sind ebenfalls vielfältig. Sie haben zunächst dieselben Hoffnungen und Befürchtungen bezüglich des Krankenhauses wie ihre kranken Angehörigen vor der Einlieferung. Oft fühlen sie sich mit ihren Kranken selbst auch der Krankenhausmaschinerie hilflos ausgeliefert. Sie kennen nicht die Bedeutung von Untersuchungen, Apparaten, Diäten und Schläuchen, wagen aber nicht, die gehetzt wirkenden Ärzte um verständliche Informationen zu bitten.

Ist zu erwarten, dass der kranke Angehörige in absehbarer Zeit stirbt, wird nicht selten eine bisher nicht (an)erkannte Berührungs- und Begegnungsangst offenbar. Wichtige Lebensthemen, wie Schuld, Verzeihung oder Dankbarkeit können nicht mehr zur Sprache gebracht werden, so frostig und lähmend wirkt sich die verdrängte Angst vor der Todeswirklichkeit manchmal auch auf eine langjährige Beziehung aus. Eigene belastende Krankheitserfahrungen können in ihrer Bedrückung reaktiviert werden und eigene Todesängste lassen verstummen.

2. Manifestationen der Angst

Niemand gesteht sich oder gar anderen gerne ein, dass er Angst hat, erst recht nicht vor Situationen, die allem Anschein nach durch „Profis" abgesichert sind. Letzteres ist die Situation im Krankenhaus. Trotzdem finden sich – wie oben aufgezeigt – bei Patienten, Personal und Angehörigen zunehmend Ängste. Diese sind jedoch nicht immer gleich zu erkennen. Wer sich als Patient ins Krankenhaus wagt oder dort arbeitet, bietet normalerweise keine offensichtlichen Zeichen von Angst: Schreie, Ohnmacht, Schwitzen und Zittern kommen eher selten vor und werden gegebenenfalls mit Belustigung oder Ablehnung registriert.

Hier gilt es – weitgehend unbewusst – zu kaschieren, *Coping*-Mechanismen sind gefragt. Coping-Mechanismen sind automatisch ablaufende Schutz- und situative Bewältigungsreaktionen. Sie haben Abwehrfunktion auf der psychischen Ebene, wodurch die Voraussetzungen des Existierens bewahrt bzw. geschaffen werden. Als Coping-Mechanismen bieten sich für den Patienten vor allem Regression, Aggression und übertriebene Zustimmung an.

Der Patient als „braves Kind", das tapfer mit zusammengebissenen Zähnen (und vielleicht auch einmal mit einer Träne im Augenwinkel) widerspruchslos tut, was man ihm sagt, ist für Untersucher und Behandler sicher die bequemste Erscheinungsform der Spezies Patient. Eine nicht weniger leicht zu handhabende Variante ist der „tapfere Soldat", der ohne Nachfrage mutig alles ausführt und erträgt, was ihm „befohlen" wird. Diese Haltung des militärischen Gehorsams kommt vor allem bei älteren Männern vor. Beide regressive Verhaltensweisen wie auch die übertriebene Zustimmung und Idealisierung vor allem der Ärzte setzen ein Rollenverhalten voraus, das keine personale Begegnung zulässt. So wird die Angst versteckt, nicht abgebaut.

Ein Ventil der Angst ist die Aggression. Einige Patienten gehen gleich zum Angriff über: sie führen Buch über die Mängel der Stationsarbeit, beklagen sich über Essen, Wartezeiten, fehlende Aufklärung oder unzureichende Behandlung. Ihre Klagen sind oft nicht unberechtigt; in jedem Fall aber der Ton, der die Behandler in die Rolle der sich verteidigenden Angeklagten drängt. Auch hier sind personale Begegnung und hilfreiche Zusammenarbeit nicht möglich. Insgesamt gesehen nimmt die Angst sogar zu; denn nun fürchten sich auch die Behandler vor Kritik und Aggression des Patienten.

Ausdruck von Angst kann auch die versteckte oder offene Verweigerung sein. Dies ist jedoch in der Regel eine authentische Art des Umgangs mit Angst vor Gefährlichem und Unbekanntem, in der sich eine personale Entscheidung zeigt. Hier eröffnet sich die Möglichkeit eines offenen Gesprächs, das unbegründete Ängste abbauen hilft und der Realangst das richtige Maß gibt.

Das Personal kaschiert seine Ängste wiederum häufig durch Rückzug in die Rolle des Berufes und hinter die Grenzen der Pflicht, wo nicht persönliche Verantwortung, sondern gutes Funktionieren gefragt ist. „Das wurde so angeordnet"; „das ist nicht meine Aufgabe", „das hat der Nachtdienst getan"; „fragen Sie den Arzt"; „bitten Sie die Schwester"; „das entscheidet der Chef". „Freie Aggressionen" darf sich nur der (chirurgische) Chef erlauben: einfach alle einmal anschreien. Versteckt äußern sich Aggressionen in „Bestrafung": der kommt als Letzter dran, etc.

Die Angst vor der „Schuld am Tod" wird durch übermäßige Betriebsamkeit verjagt. Vor allem Ärzte neigen dazu, zahlreiche medizinisch eher sinnlose Maßnahmen zu treffen, um bloß nicht innehalten und den Tod gar abwarten zu müssen. So herrscht im Angehörigengespräch auch das Aufzählen der getroffenen Maßnahmen und Untersuchungen vor, während Trost und Hinführung zur Bedeutung der Todesstunde eher auf der Strecke bleiben

Auf Dauer führt das Zurückbleiben hinter der eigentlichen Bedeutung oder Chance einer Situation insgesamt bei der Arbeit zu Angst besetztem Unwohlsein und innerer Leere. Wir begegnen hier dem Phänomen des *Burnout*-Syndroms, das gemäß Gesundheitsreport der DAK (Deutsche Angestellten Krankenkasse) vom Juni 2002 besonders bei Krankenhaus-Personal drastisch zugenommen hat. Nach A. Längle (2001, 16) handelt es sich hierbei um einen arbeitsbedingten anhaltenden Erschöpfungszustand, der sich in der somatischen Dimension als körperliche Schwäche und auf psychischer Ebene als Lustlosigkeit ausdrückt. In personal-existentieller Hinsicht kommt es zum Rückzug aus Anforderungen und Beziehungen sowie zu einer entwertenden Haltung sich selbst und anderen gegenüber. Grundlegende Entstehungsbedingung ist dafür eine nicht existentielle Lebenshaltung. Man kennt sich selbst nicht mehr; es fehlt das innere Ja zum eigenen Tun, Verantwortung kann nicht mehr übernommen werden. Wenn durch die Hetze und Ermüdung bei der geforderten Erledigung der Arbeitsfunktionen immer wieder Zeit und Kraft fehlen, um sich existentiell mit dem anvertrauten Menschen und seiner schwierigen Lebenssituation auseinanderzusetzen, entwickelt sich die Arbeit zwischen Leben und Tod, Gesundheit und Versehrtheit, zu einem *circulus vitiosus* des innersten Versagens. Der so bedrängte Mensch wird auf Dauer selber ernsthaft krank und muss seine Arbeit aufgeben

Bei den Angehörigen schließlich manifestiert sich die Angst ebenfalls vor allem in Aggression, Vermeidung oder Unterwürfigkeit. Je nach Veranlagung greifen sie das Personal mit Vorwürfen über schlechte oder falsche Behandlung an, die bis zur Drohung mit Gerichtsprozess oder Presseveröffentlichung gehen. Andere meiden jedes Arztgespräch, da sie der Wahrheit nicht ins Gesicht sehen möchten. Ist mit dem Tod des Angehörigen zu rechnen, bitten sie um telefonische Benachrichtigung, „wenn alles vorbei ist", und machen sich aus dem Staub. Immer kleiner wird jedoch die Gruppe derjenigen, die bereits beim Erscheinen eines Arztes in Ehrfurcht erstarren und einer Chefvisite an sich bereits eine heilende Wirkung entnehmen.

3. Die Reduzierung der Angst

Wie kann nun der zunehmenden Angst im Krankenhaus entgegengewirkt werden? Gegen Angst hilft zunächst einmal Wissen, Aufklärung. Wenn jemand durch einen einsamen Wald wandert und es im Unterholz knistert und knackt, denkt er erschrocken an ein gefährliches Tier oder einen böswilligen Menschen. Die Vergewisserung, dass es sich um ein Kaninchen oder ein scheues Reh handelt, verjagt die Angst auf der Stelle. Bei der im Krankenhaus vorherrschenden Angst handelt es sich um Grundangst, das heißt, die Sicherheit der eigenen Existenz erscheint erschüttert.

Der Patient im Krankenhaus fühlt sich durch die Symptome seiner Krankheit und diverse Sinneseindrücke diffus bedroht. Panik machende Berichte aus der Regenbogenpresse tun das ihrige dazu. Hier tut exakte Aufklärung Not, ein – wenn nötig – immer wieder neues Erklären der vorliegenden objektiven Untersuchungsergebnisse, der Diagnose und deren Konsequenzen für das weitere Leben des Kranken. Einer klar definierten Gefahr lässt sich entgegenwirken. Chancen und Risiken von vorgeschlagenen Untersuchungen und Therapien müssen für Laien verständlich erklärt werden. Hierbei können detaillierte Aufklärungsbögen eine Hilfe sein; sie können aber auch – da sie jedwede Gefahr nüchtern auflisten – die Angst vergrößern. Das persönliche Gespräch, am besten mit dem Untersucher oder Operateur selbst, lässt sich durch nichts ersetzten. Denn nur hier kann deutlich werden, dass man sich in seiner Not nicht (nur) der Technik ausliefert, sondern einem Menschen anvertraut, der diese Technik beherrscht und mich als Person derart wertschätzt, dass er diese Technik nur zu meinen Gunsten einsetzen wird.

Erst wenn ich weiß, was wirklich los ist und welche Möglichkeiten es realistisch gibt, kann ich dazu Stellung beziehen und mich für weitere Schritte frei entscheiden (Therapie, Änderung meiner bisherigen Lebenshaltung). Dann bin ich nicht mehr der Krankheit und den Therapeuten allein ausgeliefert, sondern übernehme auch im Erleiden die Verantwortung für mich selbst. Schließlich *ist* der Mensch nicht seine Erkrankung, sondern er *hat* (erleidet) sie. Die Person an sich kann und muss immer wieder Stellung beziehen zu den Kräften und Möglichkeiten, aber auch Schwächen und Einengungen von Körper und Psyche.

4. Dimensionalontologie und geistige Person nach V. Frankl
Aus der phänomenologisch motivierten Dimensionalontologie Viktor E. Frankls geht hervor (1994a, 64 ff.; 1994b, 75; 1996, 109), was gegeben sein muss, wenn von Begegnung die Rede sein soll. Zunächst, dass ich an eine Wirklichkeit gerate. Aber nicht bloß auf sie treffe, in eine nur mechanische, biologische, psychologische Wechselwirkung zu ihr trete; sondern Abstand nehme, sie richtig in den Blick bekomme, von ihrer Eigentümlichkeit betroffen werde, mich praktisch auf sie hin verhalte usw.

Damit das geschehen kann, muss also eine Grundtatsache da sein: die Freiheit. Um wirklich begegnen zu können, darf ich nicht auf bestimmte Lebensbereiche festgelegt sein … Bei Gewohnheitshandlungen zum Beispiel bemerke ich nur das, was auf der Linie der betreffenden Gewöhnung liegt, und verhalte mich ihnen gegenüber in der Weise, wie ich es immer getan habe. Hier kommt keine Begegnung zustande. Ähnlich liegt die Sache bei reinen Zweckhandlungen. Ich kann mich in einem Betrieb unter Menschen bewegen; mit diesem dieses, mit jenem anderes besprechen oder tun, ohne dass sich jenes freie Gegenüber bildet, in welchem sich Begegnung vollzieht. Ein solcher Zustand kann aber auch durchbrochen werden. Etwa kann ich plötzlich auf das Gesicht des Menschen, dem ich Anweisung gebe, aufmerksam werden: kann einen Kummer bemerken, der mich nachdenklich macht; eine Güte, die mich rührt, und nun ist die Begegnung da (vgl. Guardini 1956, 12).

Hier wird deutlich, dass Begegnung nicht eines großen Aufwandes oder ausgedehnter Muße bedarf, sondern sich gerade auch in der gewohnten Handlung ereignen kann. Es ist dazu aber erforderlich, sich immer wieder aus dem Eingeengtsein in die Routine der Funktion zu befreien und durch anregendes Wort, liebevollen Blick und von Herzen Zuhören den Zugang zur Person, die man gerade behandelt, freizulegen. Es kommt also weniger auf die Zeit als auf die innerste Herzenshaltung des Therapeuten oder Pflegenden an, ob ein Patient sich zum Beispiel, durch die Anamnesebefragung oder eine Pflegeverrichtung geängstigt und gedemütigt oder persönlich angenommen fühlt.

Sicher gibt es auch Momente, in denen wegen der Bedeutung dessen, was im Innersten des Menschen abläuft, jede Handlung fehl am Platze ist. Wenn jemand sehr bewegt ist (Trauer oder großes Glück), geängstigt oder stirbt, ist Begegnung als reine *Anwesenheit* erforderlich. Hierdurch werden Trauer und Angst gemildert, das Glück bestärkt und die Bedeutung des Augenblicks gewürdigt.

Gerade angesichts des unmittelbar bevorstehenden Todes wird man im Krankenhaus oft nicht der Bedeutung dieses Augenblicks gerecht. Hastige Verlegung auf Intensivstation, noch eine Injektion, ein EKG, ein frisches Hemd … Wenn hiervon nicht wirklich eine Besserung des Zustandes zu erwarten ist, lenken alle diese Maßnahmen vom eigentlichen ab: dass die *geistige* Person nämlich im Begriff steht, ihr „Psychophysikum" zu verlassen und – für einen Gläubigen – Gott, der Person schlechthin, direkt zu begegnen.

Durch die genannten Maßnahmen wird auch nicht selten eine letzte tiefe und angstlösende Begegnung zwischen Ehepartnern oder Eltern und Kindern vereitelt, ein wirkliches Abschiednehmen kommt nicht in Gang. In der Erinnerung an den Tod des Angehörigen dominiert dann der Schrecken über die medizinischen Apparate und die kalte Routine des Personals.

5. Sinnfindung im Leid

Nach Viktor Frankl führt das Bemühen um ein sinnorientiertes Leben zu Zufriedenheit und Sicherheit. Als sinnvoll wird erfahren, was zur Wertberührung führt, was Werte verwirklichen lässt. Um beispielsweise letzte *Einstellungswerte* als kostbar zu erkennen, braucht der kranke Mensch deshalb oft Hilfe durch einfühlsames Gespräch und Begleitung (vgl. Frankl 1982, 62).

Ein aufrichtiges Gespräch, in dem ihm die ganze Wahrheit über seine Erkrankung dargelegt wird, in dem nicht von statistischen Wahrscheinlichkeiten, sondern von seinen konkreten Möglichkeiten die Rede ist, gibt ihm erst die Gelegenheit, sich realistisch damit auseinanderzusetzen und Ängste abzubauen. Dazu ist aber ein Umgang erforderlich, der ihm seine Würde als Mensch trotz mangelnder Leistungsfähigkeit oder äußerer Schönheit widerspiegelt: die Beachtung der Höflichkeit, das Nennen beim Namen, das Eingehen auf seine Fragen und Bitten, die sorgfältige Pflege seines Äußeren, echtes Interesse für seine Lebensgeschichte. Das alles erfordert vom Personal Zeit und geduldige Zuwendung.

Die zumindest ansatzweise Aufarbeitung der Lebensgeschichte ist von besonderer Bedeutung, wenn angesichts des bevorstehenden Todes Schuldgefühle hochkommen oder das Leben als ein einziges Versagen fehlgedeutet wird. Ein solcher

Mensch kommt nicht zur Ruhe; „er kann nicht leben und nicht sterben", sagt man. Durch Stellungnahme zur Schuld aus der Distanz der Lebensjahre lässt sich diese oft ablegen, sei es, dass man sich selbst verzeiht (damals konnte ich nicht anders) oder dass man noch die Kraft aufbringt, um Verzeihung zu bitten, wenn es möglich ist, bzw. eine Wiedergutmachung einleitet, jedenfalls aber persönlich Stellung bezieht. Hier kann der Wert und damit der Sinn der Krankheit liegen, dass eine andere Sicht vom Leben gelingt, dass rückwirkend noch vieles als kostbar und damit als sinnvoll erkannt wird: „So erweisen sich die Einstellungswerte als Vorstoß zu den höchsten Sinn- und Wertmöglichkeiten – die eben nur das Leiden in sich birgt [...]. So erweist sich die innere Bewältigung – unter Verzicht auf äußere Gestaltung – letztlich dennoch als Gestaltung: als *Selbstgestaltung*. Denn die Erwerbung der Leidensfähigkeit ist ein Akt der Selbstgestaltung." (Frankl 1996, 203)

Welch ungeahnte innerste Leistung kann sich in einem Krankenbett verbergen, gerade wenn von außen „nichts mehr zu machen ist". Hier kann es zur Umkehr der Hilfeleistung kommen: der Patient nimmt dem Personal durch seine Leidensfähigkeit gewissermaßen einen Teil der eigenen Leidens- und Todesängste.

6. Personales Handeln und Begegnen als Arbeitshaltung

Im Gegensatz zum Patienten kann das Personal sich immer wieder der Krankenhaussituation entziehen und abtauchen in den privaten Bereich und dort neue Kräfte sammeln oder alles verdrängen. Ein Übermaß an Überstunden und auch den privaten Bereich zum Teil schwer beeinträchtigende Arbeitszeiten (viele Wochenend- und Nachtdienste oder sehr späte Abende) verhindern jedoch häufig ein wirkliches Kräftesammeln in der Freizeit. Schlafstörungen, häufige Krankschreibungen und großer Widerwille vor der Arbeit sind die Folge. Einige „retten" sich in eine „Jobhaltung": sich bloß nicht emotional einlassen, keine Verantwortung übernehmen. Für andere (vor allem Ärzte) ist rücksichtsloses Karrieredenken der Überlebensmotor.

Der Großteil des Krankenhauspersonals ist jedoch ursprünglich mit einem hohen Maß an Idealismus, an echter Hingabebereitschaft für den kranken Menschen angetreten. Viele haben es irgendwann selbst erfahren, wie man durch die Hingabe an ein Du reich beschenkt wird und so Kräfte erwachsen, die ein bloßes Funktionieren weit übersteigen. Frankl erklärt diese Erfahrung mit der für den Menschen charakteristischen Fähigkeit zur *Selbsttranszendenz*. „Menschsein verweist über sich selbst hinaus auf etwas, das nicht wieder er selbst ist, – auf etwas oder auf jemanden: auf einen Sinn, den da ein Mensch erfüllt, oder auf mitmenschliches Sein, dem er da begegnet. Und nur in dem Maße, in dem der Mensch solcherart sich selbst transzendiert, verwirklicht er auch sich selbst [...]. Ganz Mensch ist der Mensch eigentlich nur dort, wo er ganz aufgeht in einer Sache, ganz hingegeben ist an eine andere Person. Und ganz er selbst wird er, wo er sich selbst – übersieht und vergisst." (1982, 160)

Diese Haltung der Selbsttranszendenz kann nicht durchgetragen werden, wenn das reibungslose Funktionieren der Arbeitsabläufe im Vordergrund steht. Hierzu sind Freiräume nötig, in denen der Einzelne ungestraft und ungehetzt selbst Prioritäten setzen kann, die dem Wohl des kranken Menschen dienen und heilsam auch auf ihn selbst zurückwirken.

Viktor Frankl spricht in solchem Zusammenhang für die Ärzte von „ärztlicher Seelsorge", die seines Erachtens Ärzte aller Fachrichtungen vor allem dann zu leisten haben, wenn sie einen Patienten vor sich haben, der einem schicksalhaft notwendigen Leiden gegenübersteht. Es geht dann um die Hinwendung der ganzen Person zu einem ihr anvertrauten Kranken, nicht nur um das zur Verfügungstellen eines Teilaspektes, wie ärztliches oder pflegerisches Wissen und Können. An der Aufgabe, diesen Menschen zu helfen, leidensfähig zu werden, hat das Pflegepersonal mithin einen großen Anteil. Es sind jedoch vor allem die Ärzte, die sich hier immer wieder aus der Verantwortung stehlen.

Viktor Frankl verweist auf eine Empfehlung der *American Medical Association*, die besagt: „Der Arzt muss auch die Seele trösten [...]. Es ist ganz einfach die Aufgabe jedes praktizierenden Arztes." Diese Aufgabe darf nicht auf die Psychologen oder die Schwester von der Krankenhaus-Seelsorge oder andere „Spezialisten für Menschlichkeit" abgeschoben werden, so wichtig es auch ist, dass es diese ebenfalls im Behandlungsteam gibt. Ärzte und Pflegende selbst müssen in *einer* Person zum Heil des Kranken mit Wissenschaft und Technik, aber ebenso mit Menschlichkeit umzugehen wissen: „So bleibt denn der Arzt auch noch in der Ausübung ärztlicher Seelsorge Arzt; aber seine Beziehung zum Patienten wird zur Begegnung von Mensch zu Mensch. Aus dem wissenschaftlichen Arzt wird so auch der menschliche Arzt. [...] Und vielleicht ist es die Technik der Menschlichkeit, die uns zu bewahren vermöchte vor der Unmenschlichkeit der Technik, wie sie sich auch im Bereich einer technisierten Medizin geltend macht." (1994b, 123)

Nur wenn der Behandler selbst dem Patienten gegenüber als Mensch berührbar erscheint, kann Vertrauen entstehen, das die Angst nimmt. Es ist das Vertrauen in seine Person, nicht in seine Funktion. Ein vertrauenswürdiger Arzt sagt nichts, was er nicht wirklich denkt und weiß, und er tut nichts, was er nicht kann. Er holt sich Rat und Hilfe bei kompetenten Kollegen, wenn die eigenen Fähigkeiten nicht reichen. Nicht seine Ehre, sein Erfolg, sondern das Wohlergehen des Patienten ist sein Ziel. Und umgekehrt ist das spürbare Vertrauen des Patienten Ansporn und Lohn für sorgfältige Arbeit und mühevolles Ringen um höchste Fachkompetenz. Hier spürt der Behandler seine eigene Kostbarkeit, nicht als Spezialist für dieses oder jenes, sondern als verantwortungsvolle Person, als Arzt- oder Schwesternpersönlichkeit, deren Fachkompetenz von der Reife und Offenheit ihrer einzigartigen geistigen Person durchtönt ist. Nicht als Arzt oder Schwester XY „vom Dienst", jederzeit austauschbar, sondern als Mensch mit konkretem Namen und Gesicht ist authentisches und damit – trotz aller Mühe – beglükkendes Arbeiten möglich.

Wenn V. Frankl (1982, 123) schon vor Jahrzehnten auf die Folgen der Einengung der freien persönlichen Gestaltung der Arbeit durch enge Vorschriften und Überlastung hinweist, so finden sich diese unter den heutigen Arbeitsbedingungen um so gravierender wieder.

7. Begegnung und „Lebenserfahrung" angesichts des Todes

Während die meisten Tätigkeiten der Pflegenden „bis zum letzten Atemzug" nicht hinterfragt werden, ist der Arzt angesichts des bevorstehenden Todes seines Patienten ganz besonders der Kritik ausgesetzt, manchmal auch quälender Selbstkritik. Aus rein funktionaler Sicht bedeutet es nämlich ein endgültiges Versagen des Arztes: was er um jeden Preis verhindern sollte, tritt nun doch unweigerlich ein. Sterben und Tod von Patienten ist für viele Ärzte jedoch nicht nur deshalb ganz besonders mit Angst besetzt.

„Ohnmächtig" über Leben und Tod im wahrsten Sinne des Wortes, zieht der Arzt sich häufig zurück. Ablenkung durch dringend zu erfüllende andere Pflichten helfen beim Verdrängen. Es bleibt jedoch ein gewisser Pegel von Unsicherheit und Angst. Es ist meist nicht die Angst, einen Kunstfehler begangen zu haben, sondern das intuitive Wissen um die Bedeutung des Augenblicks, den man verpasst hat. „Wenn der Tod kommt, muss der Arzt gehen; er darf jedoch als Mensch zurückkehren", ist in einer medizinischen Spruchsammlung zu lesen. Angesichts des medizinisch unabwendbaren Todes zählt kein Funktionieren oder Hantieren mehr, im Gegenteil, es stört sogar. Jetzt ist nur noch – besser gesagt: erst recht – der Mensch gefragt, der als geistige Person behutsam begleitend so intensiv wie sonst kaum die Transzendenz erspürt, die Kostbarkeit im nicht mehr funktionierenden „Psychophysikum". Hier kann jeder Beteiligte nur noch zutiefst erleben, berühren, begegnen und in ehrfürchtigem Staunen lernen und sich stärken lassen. Wenn der Sterbende die Hauptperson auf der Station ist, wird der Tod im Krankenhaus wieder an die richtige Stelle gerückt: nicht Schrecken, sondern *Geheimnis des Lebens*. Das Leben erscheint kostbar, weil der Tod es nicht zerstört, sondern vollendet.

Auch bezüglich der Ängste der Angehörigen ist ein adäquater Umgang mit dem Tod notwendig. Umschreibungen wie

„einschlafen" statt sterben, das möglichst unbemerkte „Fortschaffen" der Leiche an Stelle eines ehrfürchtigen Geleits oder die Beruhigungstablette gegen die Trauer tabuisieren den Tod immer mehr. Ein offenes Gespräch mit der Ermunterung, beim Sterbenden nicht zuletzt als Ausdruck der Liebe und tragfähiger Verbundenheit auszuharren, ein passender Ort mit der Möglichkeit einer zumindest kurzen Totenwache, verweisen auf die Größe des Augenblicks und erleichtern Abschiednehmen und Trauer. Angehörige, die den Eindruck gewonnen haben, dass ihr Verstorbener von Ärzten und Schwestern auf persönliche Weise beim Sterben begleitet wurde, kommen nicht selten nach einiger Zeit zurück auf die Station, um sich zu bedanken. Sie tun das nicht aus Pflichtgefühl, sondern es ist ihnen Herzensanliegen und Trost, weil sie die Wohltat dieser menschlichen Begleitung gespürt haben und noch immer davon zehren. So bekommt das Krankenhaus – das im Todesfall als Gesundheitszentrum versagt hätte – für sie ein menschliches Gesicht.

Das Krankenhaus – ursprünglich ein Ort der Sicherheit und Geborgenheit für Schwerkranke und Todgeweihte, ein Ort, an dem mehr Nächstenliebe als Medikamente ausgeteilt wurde, hat sich im Laufe der Zeit zum modernen Dienstleistungsbetrieb der Branche „Gesundheit und Wohlergehen" entwickelt, in dem gefürchtete, wenn auch heilsame „Eingriffe" gemacht werden, der kranke Mensch seine Rolle zu spielen hat, der Tod vertuscht wird, das Personal mehr funktionieren als eigenverantwortlich handeln darf, die Ärzte keine „Sprechstunde" mehr halten.

Ein weiterer Wandel ist vor allem in den letzten Jahren zunehmend im Gange: „Nachdem die Pflege als der ursprüngliche Träger des Krankenhauses durch die Entwicklung der Medizin als der zentrale Gestaltungs- und Machtfaktor des Krankenhauses abgelöst wurde, scheint heute der Wirtschafts- und Verwaltungsdienst in Form des Krankenhausdirektors als Geschäftsführer der GmbH der bestimmende Faktor zu werden ... Der Dimension Krankenhaus als Betrieb kommt eine besondere Bedeutung zu. Finanzierungen werden zu scheinbaren Gnadenakten des Verwaltungsleiters, bei denen Pflegedienst und Ärztli-

che Leitung nicht verantwortlich mit einbezogen werden."
(Gärtner 1995, 76)

Heute wird der Dominanz der Wirtschaftlichkeit im Krankenhaus ansatzweise eine „Unternehmensphilosophie" entgegengesetzt, die sich in den entsprechenden „Leitlinien" ausformuliert findet. Hierin wird immer auf die große Bedeutung der Wertschätzung des Patienten hingewiesen. Dies ist sicher ein begrüßenswerter erster Schritt in Richtung Rückbesinnung auf den kranken Menschen, für den die Institution Krankenhaus ja eigentlich überhaupt existiert. Diese Leitlinien bleiben jedoch häufig ein schön glänzender Papiertiger, da die Rahmenbedingungen im Krankenhausalltag die Verwirklichung dieser Philosophie oft verunmöglichen. Auch wenn „Philosophie" an sich die geistige Dimension des Menschen einfordert und anspricht, dominieren in der Praxis die „Unternehmens"-Belange: Funktionalität und Wirtschaftlichkeit. Somit bleibt die je *individuelle Subjektivität* des Patienten faktisch unerwünscht und beim Personal zählt vor allem die vor der Krankenkasse nachweisbare und von ihr bezahlte Leistung.

8. Umkehr der Prioritäten

Hier muss dringend eine Umkehr der Prioritäten durch Verbesserung der Rahmenbedingungen wieder möglich gemacht werden. Nur so kann die dreidimensionale Sicht vom Menschen, die allein seiner Realität und Würde entspricht, wieder wirklich im Krankenhaus Beachtung finden.

Wenn Stellenpläne und Arbeitsbewertung wieder Zeit zulassen für Begegnung, kann sich Heilung leichter anbahnen (Patient) und stärkende Motivation wachsen (Personal); dann schwindet die Angst von selbst. Die Hilfe zum Einlassen auf Einstellungswerte als höchste Leistung der geistigen Person, die – bei aller Hinfälligkeit von Körper und Psyche – selbst nicht erkranken kann, macht das Krankenhaus zu einem Ort, wo die Würde des Menschen besonders hervorgehoben wird. Frankl spricht von der *Trotzmacht des Geistes*, der sich mit jeder Krankheit und auch mit der Endlichkeit des Lebens auseinandersetzt. „In der Auseinandersetzung mit dem Schicksal des Krankseins, in der Einstellung zu diesem seinem Schicksal, erfüllt der kranke Mensch einen – nein: den tiefsten Sinn, verwirklicht er einen, nein: den höchsten Wert. Das Kranksein hat sowohl einen Sinn an sich, als auch einen Sinn für mich; aber der Sinn an sich ist ein Übersinn, das heißt, er geht über alles menschliche Sinnverständnis hinaus." Hier verweist Frankl (1994b, 82) auch auf die Chance der Rückfindung zu Gott, die Krankheit und Todesnähe beinhalten.

Im Allgemeinen Krankenhauses in Wien, in dem auch Viktor Frankl gewirkt hat, ließ sein Stifter (Kaiser Josef der Zweite) am Eingang folgende Inschrift anbringen, die noch heute zu lesen ist und hoffentlich auch weiterhin zur „Unternehmensphilosophie" dieser Klinik gehört: *„Saluti et solatio aegrorum"*, für die Gesundung und zur Tröstung der Kranken. Gesundung ist rein apparativ und medikamentös bei weitem nicht immer möglich; Trost jedoch hat stets heilsame Wirkung, bedeutet er doch letztlich Hinführung zur Sinnfindung im Leid. Deshalb kann Günter Funke schreiben:

„Soll der Mensch in seinem Leiden der Sinnlosigkeit nicht preisgegeben werden, muss es also von der ‚Sinnleugnung zur Sinndeutung' des Leidens kommen. Sie besteht nicht in der Deutung des Leidens an sich, sondern fordert den Leidenden auf zu einer Stellungnahme im Sinne einer aufrechten Haltung, durch die das Leiden in den Prozess des Reifens transformiert und so auf die Bestimmung des je eigenen Lebens transzendiert wird. Die aufrechte Haltung aber kann nur aus der geistigen Dimension heraus eingenommen werden, aus jener Dimension also, der sich die Logotherapie in besonderer Weise zuwendet und deren Verzicht eine Heilung trotz Leid unmöglich macht."
– „Ein Heilungsprozess nach logotherapeutischem Verstehen beginnt stets damit, die Eigenständigkeit der geistigen Dimension zu evozieren bzw. die vorhandene Eigenständigkeit nicht reduktionistisch einzuebnen. So geschieht es immer wieder, dass synchron mit einem Sinnfindungsprozess, der sich in der geistigen Dimension ereignet, ein Heilungsprozess im psychosomatischen Bereich verläuft." (Funke 1985, 111 u. 105)

Das Krankenhaus, das dem kranken Menschen in allen seinen Dimensionen helfen soll, ist selbst erkrankt, weil es zerrissen wird zwischen zwei extremen Ansprüchen: einerseits ein Betrieb, der reibungslos funktionieren will, was am besten gelingt, wenn möglichst viel Individualität ausgeschaltet und arbeitsteilig vorgegangen wird. Andererseits der kranke Mensch, der sich im Gegensatz zu dieser legitimen Betriebserwartung in einer ganz anderen Situation befindet: „Er funktioniert nicht mehr; er ist temporär aus der Betriebslogik heraus gefallen und erwartet gerade jetzt individuelle Zuwendung." (Gärtner 1995, 28) Es ist Aufgabe der Betriebsführung, diese beiden unterschiedlichen Logiken einander anzunähern. Hierbei muss die Ausrichtung an den realen Bedürfnissen des kranken Menschen der entscheidende Bezugspunkt sein.

Es ist deshalb höchste Zeit, dass Krankenhaus-Träger wieder in Personalität investieren. Hierzu gehört bei der Personaleinstellung neben der notwendigen Prüfung der Fachkompetenz auch die Beachtung der Fähigkeit und Bereitschaft zu personalem Handeln. Nicht der Professoren-Titel oder das Prädikatsexamen in Pflegewissenschaft, sondern die Fähigkeit der Mitarbeiter – allen voran der Führungskräfte – zu personaler Begegnung auf allen Ebenen (Mitarbeiter, Patienten und deren Angehörige) und zur Hingabe an ein Du wird letztendlich zum Qualitätssiegel eines Krankenhauses. Diese Kompetenz in Menschlichkeit darf nicht durch von oben verordnete Hetze und Einengung in Funktionsabläufe immer wieder missachtet und erstickt werden.

Logotherapie und Existenzanalyse nach Viktor E. Frankl, die dem Menschen in besonderer Weise seine geistige Dimension und sein Verantwortlichsein als Wesensgrund der menschlichen Existenz nahe bringen, können daher hierfür wertvolle Anregungen geben, wie wir zeigen wollten.

Stationäre Rehabilitation und Lebensphänomene

JOHANNES KREISSL

Gesundheit ist weniger ein Zustand
als eine Haltung,
und sie gedeiht mit der Freude am Leben.

Thomas von Aquin (1225-1274)

1. Die Entwicklung der Rehakliniken

Gerne berichte ich von einer Art Lebensbegleitung von einigen Wochen. Ich werde von den Lebensphänomenen und damit vom Leben in einer medizinischen Rehabilitationsklinik sprechen. Blicken wird jedoch zunächst kurz zurück auf die Entwicklung dieser aktuellen und modernen Therapieform.

Ganz am Anfang gab es die Kuren des Pfarrers Kneipp in Bad Wörishofen. Schon damals waren es einige Wochen mit viel Zeit und Raum für die Gesundheit. Die Menschen wandten sich dem gesunden Leben zu und verhielten sich dadurch anders als sonst. Sie lebten in einer ungewohnten Umgebung und hatten neue Tagesrhythmen. Es gab täglich verschiedene Prozeduren mit Wasser, Moor und anderen natürlichen Heilmitteln. Es gab ebenso eine besondere Kost (Diät), Kräuter, Tee und manches andere mehr. Und die Menschen sorgten aktiv – zum Beispiel durch Bewegung an der frischen Luft und Wassertreten – für Ihr Wohlbefinden.

Als eine besonders wichtige Säule der Kneippkur erlebten dieselben Menschen dabei die Ordnungstherapie, denn die Grundfunktionen ihres Lebens wurden dabei neu geordnet, geübt und stabilisiert. Solche wichtigen Lebensgrundlagen sind unter anderem der Schlaf, der Wärmehaushalt, die Atmung und die Verdauung. Selbst nur einer dieser – heute würde man sagen – Regelkreise gestört ist, sind Leben und Gesundheit labilisiert. Bei komplexen Störungen kommt es zur Gefährdung unserer Existenz.

Nach und nach wandelten sich die Kuren. Es gab jedoch weiterhin viel Zeit und Raum zur Besinnung, also eine bewußte Hinwendung zum Leben. Auch als immer mehr Freizeitangebote in den Kurorten entstanden (Kurtanz, Modenschau usw.), blieb die Möglichkeit zum Innehalten bestehen. Es war keineswegs immer nur eine Verkürzung auf „morgens Fango, abends Tango". In den letzten Jahren entwickelte sich allerdings zunehmend ein neuer Schwerpunkt, und zwar entstanden neue profilierte Rehabilitationskliniken. Die Belegung erfolgte vonseiten der Rentenversicherungen und Krankenkassen, so zum Bespiel für Rehakliniken für Herzkreislauferkrankungen, Orthopädie und Psychosomatik. Zur Zeit erfolgt eine Einweisung nach stationären Behandlungen in Krankenhäusern wie etwa nach Operationen (Anschlußheilbehandlung).

Sowohl fachlich gut ausgewiesene Ärzte und Wissenschaftler sind in diesen Kliniken tätig, wobei die Leitung derselben von erfahrenen Kollegen übernommen wird. Dabei werden Schulmedizin, also moderne Diagnostik und Therapie, mit den bewährten Erfahrungen der Kurtherapie verbunden. So wird die natürliche Heilweise in die Schulmedizin integriert. Dies bringt für Arzt wie Patienten eine Erweiterung der Möglichkeiten zur Heilung. Auch moderne Psychotherapie, Sozialmedizin, Physiotherapie, Ergotherapie, Sportmedizin, Arbeitsmedizin und anderes mehr gehören heute zum Repertoire einer modernen Rehaklinik. Denn im Sinne der Gesundheitsdefinition der WHO geht es um körperliches, seelisches und soziales Wohlempfinden der Patienten.

Ich bin seit vielen Jahren als Internist und Psychotherapeut in einer Rehaklinik tätig; es ist eine Klinik für Innere Medizin, Orthopädie, Schmerztherapie und Psychosomatik. Die zunehmende Entwicklung der Rehakliniken zu guten Gesundheitsmöglichkeiten in der heutigen Zeit hin habe ich als sehr wohltuend für Patienten und Therapeuten erlebt. Besonders froh bin ich, daß der schon am Anfang beschriebene Aspekt des Innehaltens und Besinnens erhalten geblieben ist. Und diese Zeit für die Hinwendung zum Leben ist nicht nur erhalten geblieben, sondern sie erfährt heute immer mehr an Bedeutung.

2. Hinwendung zum Leben

Dieses Hinwenden und Erspüren der Werte im Leben entspringt einem tiefen Bedürfen der Menschen. Aus einer „Leere" und Sinnlosigkeit" streben die Menschen hin nach Tiefe und Erfüllung. Anstatt vom „Funktionieren und Reagieren" möchten die Menschen zum „Spüren und Fühlen" ihres Lebens kommen. Sie geben dieser Zeit Worte wie „Erleben, Aufleben, Wiederfinden". Dieses „Wieder-Leben-Finden" ergänzt, unterstützt und erweitert die oben erwähnten Therapien und Heilmaßnahmen. Mit anderen Worten nehmen die Menschen dabei also vielfältige Lebensphänomene (neu) wahr.

Dies geschieht vorwiegend in der sogenannten Freizeit: „Freie Zeit zum Leben, Zeit zum Freisein" oder „Zeit zum reinen Leben" nennen die Patienten oft diese Zeit. Ich habe mich als Arzt und Psychotherapeut auch während dieser Zeit immer wieder in der Begegnung mit den Patienten erleben können. Es ist eine kostbare zeit des Wahrnehmens, Empfindens und Erlebens. Über diese Erfahrungen neben der „rein fachlichen Tätigkeit" möchte ich erzählen.

Wie schon begonnen, werde ich dabei Worte und Aussagen der Patienten in Anführungszeichen setzen. So versuche ich, die Phänomene des Lebens in dieser Zeit spürbar zu vermitteln, das heißt, ich komme zu diesen Erfahrungen durch die Praxis – zu Lebensphänomenen während einer stationären Rehabilitation bzw. Kur. Denn während eines solchen Aufenthaltes treten verschiedene Phasen mit unterschiedlichen Lebensphänomenen und entsprechend wechselnder Lebenswahrnehmung auf.

Zunächst erleben die Patienten die Anfangs- oder Einstimmungsphase mit oft intensiver Beschwerdeverstärkung. Die Tage vor der Anreise und die ersten Tage in der Klinik sind im allgemeinen sehr anstrengend. Noch zu Hause erzeugen die Vorbereitungen und das Abschiednehmen oft viel Druck und Hektik. Die ersten Tage in der Klinik mit Untersuchungen und Umstellungen im Tagesablauf empfinden die Patienten meist als belastend: „Hier ist soviel fremd" oder „das Heimweh tut so weh"! „Das ist nicht mein Ding." „Die Beschwerden sind jetzt viel stärker." „Am liebsten würde ich wieder nach Hause fahren." „Das erste – so leere – Wochenende habe ich als besonders schwer erlebt." Das Leben wird wie bisher folglich über zahlreiche Symptome als unangenehm empfunden. Ja, diese die Symptomatik ablehnende Haltung wird oft sogar verstärkt: „Mein nervöser Magen!" „Mein schlimmer Rücken!" „Mein quälender Tinnitus!" „Meine furchtbaren Schlafstörungen!" „Mein entsetzlicher Körper!" Mit dieser verstärkten Symptomatik wird aber auch von zahlreichen Patienten ein „erstes Aufleben" wahrgenommen. Es sind dies die offene ruhige Atmosphäre und die „Aufnahme" durch die Mitarbeiter der Klinik sowie die Mitpatienten: „Ich spürte Ruhe, Wärme und Mitmenschlichkeit." „Ich fühlte mich irgendwie gut aufgehoben." „Bei der Begrüßung mit Blumen, Worten und Gesang spürte ich mich seit langer Zeit wieder." „Bei dieser so berührenden Begegnung, bei der Begrüßung spürte ich gleichzeitig Schmerz und Freude." „So etwas habe ich seit langem nicht mehr erlebt." „Wie habe ich diese Seite des Lebens vermißt!"

Dieser „so schweren und durchwachsenen Anfangsphase" folgen „stabilere", „bessere" Tage und auch wieder „sehr schwere Tage". Es handelt sich dabei um intensive Rehareaktionen – früher auch „Kurkrisen" genannt. In diesen Reaktionsphasen mit erneuter Beschwerdeverstärkung hört man die Patienten oft sagen: „Da ging es mir ja zu Hause besser ...". Mit der Zeit verändert sich jedoch auch die Haltung zum Körper, und mit einer neuen Einstellung zu den Gefühlen wird auch das Leben wieder freier wahrgenommen. „Gute Gespräche mit anderen Patienten, „hilfreiche Beratungen durch die Therapeuten", „intensive Erfahrungen mit bestimmten Therapien" und vor allem – „endlich (!)"– viel Zeit und Raum für sich selbst ermöglichen diese Hinwendung zum Leben. Durch erweiterte diagnostische Verfahren und die Beantwortung vieler persönlicher Fragen bieten einen guten Grund für diese Entwicklung. Ja, und auch das schon erwähnte, so farbige, sinnesfrühe Erleben der Freizeit unterstützt diesen Prozeß: „Da habe ich meine Lebensgeister geweckt und wiedergefunden!"

Hier findet die von den Rentenversicherungen aufgeführte Rekreationstherapie ihre Zeit und viel Raum. Im KTL-Verzeichnis (Katalog therapeutischer Leistungen) sind diese Therapien als sogenannte m-Nummern aufgelistet. Sie werden unter anderem als kommunikationsfördernd und selbstwertsteigernd erklärt, wobei sie die soziale Kompetenz der Menschen vertiefen und stabilisieren. Auf diese Weise wird das Körpererleben der Patienten entdeckt und vertieft. Es geht um die Begegnungen und das Erleben zum Beispiel beim Singen, Tanzen, Malen und beim sportlichen Spiel. Diese so genannten nonverbalen therapeutischen Elemente werden in unserer Klinik einerseits im Rahmen der Einzel- und Gruppenpsychotherapie eingesetzt, wie zum Beispiel Maltherapie im Rahmen analytischer Therapie. Andererseits erleben die Patienten diese heilsamen Elemente im „Freiraum" der Klinik, das heißt im „Freiraum als wichtigem Lebensraum". Spielend und spontan, mit „wieder gespürter unendlicher Freude" können die Patienten „wie auf einer großen Spielwiese" Erlerntes anwesen, vertiefen und vor allem „neue und alte Schätze" (wieder)entdecken:

„Beim Singen mit anderen habe ich mich wiedergefunden". „Der Tanz im Kreis brachte mich wieder zu mir und meinem Leben." „Gewißheit, Identität und Stärke meines Lebens finde ich im Singen, Malen und Tanzen." „Wenn ich tanze, bin ich." „Das Leben tanzt mich." „Es, das Leben, malt mich wieder." „Ich bin im Tanz!" „Beim Singen und Tanzen lebe ich." „Beim Singen spürte ich wieder mein Leben." „Dabei spüre ich wieder meinen Lebenshauch." „Ja, ich bin!" „Ja! Ja, ich lebe."

Oder im Sinne der Rekreationstherapie sagen viele Patienten immer wieder: „Jetzt bin ich wieder in meinem Leben." „In der Gemeinschaft bin ich jetzt irgendwie wieder neu (oder überhaupt) auf der Welt." „Nach dem gemeinsamen Erleben des Tagesausklangs fühle ich mich wie neugeboren." „Jedes Lied hat soviel Kraft." „Wir werden mit den Liedern im Blut geboren, jetzt lebe ich mit dem Gesang auf." „Jedes Lied hat reine Zeit."

Ich habe mich neben meiner ärztlichen Tätigkeit stets intensiv dieser Rekreationstherapie zugewandt. So singe ich zum Beispiel dreimal in der Woche mit den Patienten frei und spielerisch bei Begrüßung und Verabschiedung, beim Tagesanklang oder im Klinikturm. Sie können sicher verstehen, daß mir diese Stunden besondere Freude und Erfüllung bringen. Es fließt dabei einfach unsere menschliche Lebensenergie. Denn angewandt auf die Phasen der stationären wie klinischen Rehabilitation läßt sich sagen: Nach den oft beschwerdeverstärkenden Anfangs- und Reaktionsphasen kommt es eindeutig zu einer veränderten Hinwendung zu den zentralen Lebensphänomenen. Der zunächst abgelehnte Körper wird mit seiner Symptomatik immer mehr „angenommen". Es geschieht zunehmend ein „Annehmen" statt zum Teil sehr aggressiver und verletzenden Ablehnung. Viele Menschen (aber noch nicht alle) können sich zunehmend teilnahmsvoll, interessiert, verstehend und letztlich auch liebevoll ihren Symptomen und ihrem Körper zuwenden. Das neue Wissen über psychosomatische Zusammenhänge und aktuelle Lebenskrisen vermag dabei zu helfen. Und es ist der Austausch im offenen, heilsamen Klima der Klinik, welcher die Lebenswahrnehmung ermöglicht und vertieft.

Aber auch das Verspüren der Endlichkeit des Lebens, welche oftmals verdrängt wurde, führt zu einer neuen Wertschätzung unseres lebendigen Seins. Mit diesem so wertvollen Einlassen auf das Leben mit viel Raum, Zeit und Stille werden die Lebensphänomene anders wahrgenommen. Was die Menschen empfinden, wird nämlich einerseits „neu", andererseits als „vertraut" (!) und „irgendwie bekannt" gespürt und erlebt. Dieses neue Einlasse auf das JETZT und die „entspannte, gelöste und liebevolle Zuwendung zu den Symptomen" ist ein guter Weg – oder sogar „ein Schlüssel" – zum „Gesunden und zum Leben".

„Eigentlich würde jeder Mensch so eine Zeit brauchen ..." – dies sind Worte, mit denen sich die Patienten oft aus der Klinik verabschieden. Oder sie sagen auch: „In jeder Begegnung mit den Menschen hier habe ich etwas bekommen und konnte immer mehr geben." In dieser Zeit der Ruhe und Weite wurden die Begegnungen mit anderen Menschen zu „Geschenken des Lebens". „Es war ein Austausch über unsere Lebensschätze und -werte." Und schließlich klingt oft an, daß „wir Menschen das Leben nicht nur über die Gene weitergeben ..." „Es sind die lebendigen Begegnungen, wo sich das Leben zeigt ..."

3. Weitere Lebensphänomene

Aus den bisher genannten Lebensphänomenen während einer solchen stationären Behandlungszeit mit besonderer Stärke und Vielfalt ergeben sich weitere interessante Gesichtspunkte. Denn das Leben wird nicht nur während des Klinikaufenthalts intensiviert, sondern täglich ergeben sich praktisch neue Zugänge: „Da ist von Anfang an das Erleben der Gemeinschaft." Da ist nach der Anreise zunächst einmal das Leben in einer „Tischgruppe", in der dynamisch eine gute Energie fließt. Ganz elementare lebendige Gruppentherapie entsteht auch in den verschiedenen Therapiegruppen sowie in den vielen Freizeitgruppen, die sich „am Rande" und „in der Freizeit" einfach fügen: „Es hat sich so vieles einfach ergeben ..." Das Finden und Wiederfinden gemeinsamer Interessen und Hobbys verbindet die Menschen verstärkt miteinander. Viele Gespräche in den Gruppen führen zu frischer, neuer Wertschätzung und neu gefühlter Identität. Es heißt hierzu oft: „Jeder in unserer Gruppe ist wichtig." „Ich erlebte, daß andere für mich wichtig sind und daß ich es für andere bin." „Wir sind uns lebenswichtig geworden." „So wie wir uns jetzt kennengelernt haben, kennt uns eigentlich niemand im Leben ..." Ich habe Freunde fürs Leben gefunden." „Ich bin in der Gruppe aufgelebt." „Das ist viel lebendiger als Fernsehen." „Ich werde mir zu Hause eine gute Gruppe suchen oder eine gründen." „Jetzt weiß ich meine Gruppe zu Hause noch mehr zu schätzen."

Ähnlich gute und tiefe Erfahrungen machen die Menschen während der Klinikzeit mit Körpertherapien und beim Sport: „Endlich habe ich Zeit für meinen Körper." „Mein lieber Körper mußte soviel ertragen, wofür ich keine Zeit hatte." „Zeit für den Körper ist ein Lebensgut." „Ich wieder eins mit meinem Körper." „Mein Körper sagt mir wie ein guter Freund oder Arzt eigentlich alles." „Ich brauche zum Leben ganz viel Ruhe (Zeit) und Bewegung." „Bewegung und Berührung taten erst sehr weh, jetzt brauche ich dies zum Leben." Das heißt, nach den anfänglichen geschilderten körperlichen Schwierigkeiten und häufigen Berührungsängsten wandelt sich hier sehr viel, denn Bedürfnisse werden neu entdeckt und gelebt.

Auch das Erleben der Natur berührt die Menschen während einer stationären Ruhe besonders tief: „Ich erlebe wieder mein Dasein in der Natur." „Alles ist eins ...". Die Menschen überlassen sich so wieder dem Rhythmus der Natur: „Ich erwache mit dem Morgen und der Sonne." „Ich lasse meinen Tag am Abend ausklingen." „Ich komme zur Ruhe, wenn sich der Tag neigt." „Ich spüre mein Leben, also mich, im Einklang mit der Natur." „Das tut so." Das Lied ‚Oh, wie wohl ist mir Abend, wenn die Glocken schlagen' erleben viele Menschen dabei wirklich.

Ich sprach auch schon davon, wie mich besonders das „Wiederentdecken" der Menschen in der nonverbalen Vielfalt der Klinik begleitet. Singen, Musizieren, Tanzen, Malen, Spielen, Kreatives Gestalten und Schreiben sowie Handarbeit und anders mehr spüren die Menschen als ihre „Lebensäußerung": „Das kann ich nicht in Worte fassen." „Die Ruhe für mich am Spielplatz des Lebens." „...verspielt und neu verliebt in das Leben." „Endlich hatte ich Spielraum, das heißt Lebensraum für mich." „Ich sang und malte mir den Staub von der Seele." Und immer wieder wird neu erlebt: „Ja, ich lebe wieder." „Ich spüre, daß das Leben so wunderbar stark ist." „So fühle ich mich im Leben geborgen." „Beim Spielen fand ich über meine Sinne wieder Grund und Halt." „Ja, so ist es gut ..." Dieses Leben wird begleitet und gefördert durch einen tiefen frischen Humor, denn er stellt einerseits eine heilsame Distanz in unserem Denken und andererseits eine freundliche Verbindung mit dem Leben her. Abwehrlachen und Weglachen gehen über in ein befreites helles Lachen, welches auf einer kreativen Situationskomik und einem neuen Lebensgefühl beruht. Es gibt dort nichts Einschränkendes oder Verletzendes mehr, sondern da ist einfach nur noch die Lebensfreude. Durch die Vielfalt des Schöpferischen sowie dank einer echteren Präsenz und wacheren Aufmerksamkeit geht der Mensch aus dem bisherigen Teufelskreis in einen anderen „Lebenskreis" über: „Ich wende mich jetzt bewußt meinem Lebenskreis zu." „Bisher war ich unbewußt in einem ‚Teufelskreis' gefangen und eingesperrt." „Durchstrahlt wie das Leben!" „Meine Lebenssonne!"

Mit diesen Worten erfahren die Patienten auch von anderen Menschen eine Bestätigung und Bekräftigung: „Ja, ich fühle mich wieder." „Ich habe das Gefängnis verlassen und spiele jetzt auf meiner Lebenswiese." Deshalb ist ein Gedicht von Elly Michler sehr beliebt; es heißt „Ich wünsche Dir Zeit". Und das Gedicht endet so mit dem berührenden Wunsch: „Ich wünsche Dir Zeit zu leben zu leben ..." Auch „Eigenes" entsteht in solchem Zusammenhang immer wieder, wie etwa folgendes Beispiel für schöpferisches Schreiben:

Feier des Lebens

Himmlisches Fest auf Erden
Wo wir feuertrunken
frisch und lebendig uns als Meister loben,
des Lebenswerkes Segen im Heute spüren–
umschlungen mit der der ganzen Welt.

Und wenn die Menschen Folgendes sagen oder ausrufen, fühlen sie besonders das Leben: „Ja, ich kann ja doch singen!" Genau so klingt es beim Tanzen, Malen, Schreiben usw.: „Ja, ich kann's." „Ja, das bin ich, ja!" „Ich bin". „Ja, es ist alles da in meinem Leben." „Meine Lebenssinne sind eins."

Auf diese Weise werden das Geschenk und die Präsenz des Lebens sowie der wirklichen Identität unbewußt erlebt und gelobt. Und so entdecken die Patienten auch plötzlich wieder ihr „Menschenkind" in sich und singen wieder Kinderlieder, oder sie entdecken ihre Kinder oder Enkel: „Kinder sind eigentlich Lebensspezialisten." „Ich kann soviel von meinen Kindern lernen, wenn ich jetzt aufmerksam hinhöre!" „Sie haben mich gern und kennen mich doch so gut." „Ich spüre jetzt die Tiefe der Liebe meiner Kinder." „Wieder in mein Leben helfen mir mein Körper und meine Kinder." „Kinder sind so voller Leben." „Ich kann und möchte meine Kinder wiederhören." „Ich spüre wieder die Offenheit, Neugier und kindliche Lernfreude." „Die Bilder, die sich meine Kinder von der Welt machen, sind für mich ‚Lebenshilfe'."

Auch Klänge und Stimmen werden nunmehr anders wahrgenommen, das heißt mit allen Sinnen neu erlebt, so daß sich auch der Lebensklang der eigenen Stimme verändert: Da ist ein „strahlendes Klingen", das mich das Leben spüren läßt – „Lebensausstrahlung". Und mit dem tieferen Spüren und Empfinden sowie dem Zusammenspiel der Sinne wird auch die Liebe neu gespürt und empfunden. Sie wird in ihrer Tiefe erlebt: „Liebe belebt." „Leben ist Liebe – Liebe ist Leben." Die Begegnung mit Lebensweisheiten äußert sich ebenfalls oft spontan und „begeistert": „Eigentlich war das alles schon in mir da." „Jetzt kommt das Leben in Fluß!" „Ich fühle mich im Hier und Jetzt geborgen." „Ich bin wieder da (präsent)." „Aus meinen Ängsten werden nach und nach Lebenskraft und Lebensfreude." „Ich kann wieder das Fest des Lebens feiern." Dadurch lösen sich die Menschen vom bisherigen Funktionieren und öffnen sich bisher entgangenen Fügungen, Begegnungen mit Menschen, dem Erleben der Natur, Bildern, Worten, Liedern, Gesängen usw. Diese werden zu Geschenken des Lebens: „Sonst habe ich so etwas übersehen." „Diese Schätze waren so weit weg, verschüttet und überlagert."

Nach langer Verdrängung, und zwar oft über Jahre oder gar Jahrzehnte, können sich die Menschen jetzt auch wieder der Trauer zuwenden. Diese Öffnung ist von besonderem Wert für die Therapie, denn das Zulassen und das Erleben von Trauer „löst Blockaden". Damit verbunden sind heilende körperliche Effekte, welche zu „neuen Wegen im Leben" führen.

II. PSYCHOLOGIE UND PSYCHOTHERAPIE

Bindungserfahrung und Leben

SUSANNE PROSKE UND GERHILD SCHÖBERL

1. Einleitung

Kindheit und Alter, Beginn und Ende unseres Lebens geben immer wieder Rätsel auf und lassen sich nur bruchstückhaft durch Forschung und Wissenschaft analysieren und beschreiben. Trotz bahnbrechender Ergebnisse moderner Entwicklungspsychologie, speziell der Bindungstheorie und der Gerontologie bleiben entscheidende Fragen offen: „Wo kommen wir her?" und „Wo gehen wir hin?". Hier stößt jede Psychologie und Medizin an ihre Grenzen.

Mit dem Gezeugt- und Geborenwerden treten wir in die Welt, treten in Erscheinung, werden für uns selbst und andere erlebbar und erfahrbar. Mit dem Alter, dem Tod ziehen wir uns wieder aus diesem Erscheinen zurück. Aus welchem Lebensgrund kommen wir, und in welchen Grund tauchen wir mit unserem *Zugrundegehen* wieder ein? Die Beschäftigung mit der Philosophie, speziell der Lebensphänomenologie, eröffnet uns die Möglichkeit, uns diesen Fragen zu stellen, unsere eigenen pädagogischen und psychologischen Erfahrungen zu *hinterfragen*.

Eltern bringen ihre Kinder zur Welt, nicht ins Leben. Das Leben ist ihnen schon vorher geschenkt. Schon im embryonalen Zustand sind Sinnesempfindungen und emotionale Reaktionen nachweisbar. Jede Mutter kann von sehr individuellen Regungen ihres noch ungeborenen Kindes berichten. Wann beginnt individuelles Leben oder – philosophisch gefragt – wann individuiert sich Leben? Und welche Rolle spielen Beziehungen und Bindungen in diesem Zusammenhang?

Unsere Überlegungen und Erfahrungen zu diesen Fragen wollen wir in drei Abschnitten erläutern. Zunächst geht es um wichtige Erkenntnisse der Bindungstheorie. In einem zweiten Abschnitt werden ergänzende und vertiefende Gedanken der Lebensphänomenologie erläutert. Im abschließenden dritten Teil werden eigene Praxiserfahrungen dargestellt und reflektiert.

2. Wie viel Bindung braucht der Mensch?

„Kein Mensch betritt diese Welt ohne die bange Frage, ob und wie weit er in der Liebe eines anderen Menschen geborgen sein kann. Und so lange sich diese Frage nicht beruhigt, wird er es nicht wagen, in die Welt zu treten." In diesem Zitat des Psychoanalytikers Eugen Drewermann ist bereits die Kernaussage der Bindungstheorie formuliert. Im Leben eines Menschen gibt es zwei Grundstrebungen, zum einen die Suche nach Liebe, Geborgenheit und Bindung und zum anderen die Suche nach Neuem und Fremdem, die Exploration. Jeder Mensch, aber im Besonderen Kinder können sich nur auf Neues und Fremdes einlassen, wenn sie sich geborgen und geliebt fühlen oder um es mit den Worten der Bindungstheorie zu sagen, wenn ihr Bindungsbedürfnis gestillt ist. Diesen Überlegungen möchten wir im Folgenden genauer nachgehen.

Der Begründer der Bindungstheorie ist der englische Kinderpsychiater und Psychoanalytiker John Bowlby (1907-1990), der mit Joyce und James Robertson viele Säuglings- und Kinderbeobachtungen in Krankenhäusern und Kinderheimen durchgeführt hat. Gemeinsam mit Mary Ainsworth prüfte Bowlby empirisch seine theoretischen Annahmen über die negativen Auswirkungen von längerer Trennung zwischen Kind und Eltern. Durch seine beeindruckenden Ergebnisse leistete er einen wesentlichen Beitrag zu grundlegenden Veränderungen im Heim- und Krankenhauswesen. Die *Bindungstheorie* ist der Versuch, die Ursprünge des Selbstwertgefühls in frühen und andauernden Bindungsbeziehungen einer Person zu sehen und geht davon aus, dass frühe Bindungserfahrungen schwerwiegende Auswirkungen auf die weitere psychische Entwicklung haben. Die Bindungstheorie betont die Bedeutung der Bindung für die gesamte Lebensspanne, *„von der Wiege bis zum Grabe"*, allerdings mit unterschiedlichen Wertigkeiten und Erscheinungsformen in der jeweiligen Entwicklungsphase.

Es besteht eine angeborene Bereitschaft und Notwendigkeit beim Menschen, Bindungen aufzubauen. Eine primäre

Bindung entwickelt sich im Laufe des ersten Lebensjahres als besondere Beziehung eines Kindes zu einer oder mehreren Bezugspersonen. Bindung wird als dauerhafte und dyadische Beziehung verstanden, als ein emotionales Band zwischen zwei Menschen, welches auch über Zeit und Raum hinweg bestehen bleibt. Bindung ist charakterisiert durch das Suchen und Bewahren von Nähe und durch Trennungsprotest bei drohender oder tatsächlicher Trennung von der Bindungsperson. Eine Bindungsbeziehung hat die Funktion, dem Kind ein Gefühl von Sicherheit und Vertrauen zu vermitteln, vor allem wenn es unter Stress und emotionaler Belastung steht.

Bowlby spricht dabei vom Phänomen der *sicheren Basis* bzw. des „haven of safety". Die Bindungsperson dient als sicherer Hafen, als „Tankstelle", bei der das Kind bei emotional belastenden Situationen sein inneres Gleichgewicht wiederfinden und „auftanken" kann, um wieder erneut zur Erkundung der Umwelt aufzubrechen.

Die Bindungsbeziehung ist *umweltstabil*, das heißt sie ist unabhängig von der Qualität der jeweiligen Beziehung, denn jedes Kind, ob es nun „gut" oder „schlecht" behandelt wird, baut eine tief greifende Bindung zu seinen Bindungspersonen auf. Die Bindungsqualität ist jedoch *umweltlabil*, sie bezeichnet das (qualitative) Ausmaß der Zugänglichkeit und Verfügbarkeit der Bezugsperson im Hinblick auf die Bedürfnisse des Kindes.

Die klassische Methode zur Feststellung dieser qualitativen Unterschiede in der Bindung ist die von Mary Ainsworth entwickelte „*Fremde Situation*". In dieser standardisierten Beobachtung wird das 12-18 Monate alte Kind zwei kurzen Trennungen von seiner Bindungsperson und darauf folgenden Wiedervereinigungen mit ihr ausgesetzt. Ziel ist es dabei festzustellen, wie das Kind die Bindungsperson als sichere Basis für Erkundungen und als sicheren Hafen bei Belastung nutzen kann, also welche Verhaltensstrategien es entwickelt im Umgang mit emotionalen Belastungen und Trennungen. Diese werden eingeteilt in unterschiedliche Bindungsmuster, der sicheren Bindung, der unsicher-vermeidenden und der unsicher-ambivalenten Bindung. Im Unterschied zu diesen drei „normalen", organisierten

Bindungsmustern gibt es noch die desorientierte, desorganisierte Bindung, welche jedoch eine Bindungsstörung darstellt. Die verschiedenen Bindungsqualitäten sind im Menschen als Modellvorstellung von Beziehung verinnerlicht, dem sogenannten *Arbeitsmodell,* mit dessen Hilfe versucht wird, anstehende Entwicklungsaufgaben zu bewältigen. Solche inneren Arbeitsmodelle werden aufgebaut durch sich wiederholende Interaktionserfahrungen, die unbewusst die Wahrnehmung, Interpretation und Handlung beeinflussen.

In jeder dieser Interaktionen bekommt der Säugling Antworten, die seine Äußerungen, Wünsche und ausgedrückten Emotionen aus seiner Sicht „richtig" oder „falsch" interpretieren. Der Säugling erlebt also unmittelbar, ob er verstanden und ob ihm angemessen und feinfühlig geantwortet wird. Mit zunehmendem Alter und dem Erlernen und Verstehen von Sprache geht es darum, sinnvolle Zusammenhänge zwischen den Gefühlen des Kindes und den Antworten der Bindungsperson zu finden. Gefühle und Empfindungen werden dann auf die Ebene bewusster sprachlicher Diskurse gehoben, wodurch sie für Reflexion und Gespräch verfügbar werden. Wichtig dabei ist die Kohärenz zwischen den faktischen Erfahrungen des Kindes und ihrer Bedeutungszuweisung durch die Bindungsperson. Besteht beispielsweise eine große Diskrepanz zwischen der kindlichen Erfahrung des Schmerzes sowie der Trauer und der Bedeutungsgebung des Erwachsenen durch Schweigen, Verleugnen oder Abwerten, so kann die Verarbeitung dieser realen Erfahrung beim Kind verhindert werden. Gefühle bleiben dann diffus, ohne entsprechende Realität und richtige Interpretation und es kann darüber keine innere sprachliche Repräsentation aufgebaut werden.

Das *Bindungsbedürfnis* eines Menschen ist aus evolutionsbiologischer Perspektive genauso grundlegend wie sein Bedürfnis nach Nahrung, Erkundung, Sexualität und Fortpflanzung. Jedem dieser Grundbedürfnisse sind verschiedene *Verhaltenssysteme* (mit Mimik, Gestik und Bewegungen) zugeordnet, die bei Mangel aktiv sind und bei Sättigung ruhen.

In der Bindungstheorie unterscheidet man drei Verhaltenssysteme, das Bindungs-, das Explorations- und das Pflegeverhaltenssystem, die in Wechselwirkung zueinander stehen.

Das *Bindungsverhaltenssystem* ist zugleich ein Warnsystem des Kindes bei drohender oder tatsächlicher Trennung von der Bindungsperson bzw. bei ihrer psychischen Unzugänglichkeit. Signale wie Weinen, Nachfolgen, Anklammern, Rufen, Protestieren usw. sind der Versuch des Kindes, den Kontakt zur Bindungsperson (wieder) herzustellen. Der Säugling ist also von Anfang an mit grundlegenden kommunikativen Fähigkeiten ausgestattet, mit denen er in Interaktion mit seiner Bindungsperson tritt.

Das *Pflegeverhaltenssystem* bzw. Fürsorgeverhaltenssystem der Bindungsperson ist darauf ausgerichtet, durch Verhaltensweisen wie Aufnehmen, Streicheln, Wiegen, Singen usw. die Bedürfnisse des Kindes nach Sicherheit und Nähe zu befriedigen. Das Bindungsverhalten des Kindes und das Pflegeverhaltenssystem der Betreuungsperson sind in einer positiven Eltern-Kind-Bindung gut aufeinander abgestimmt.

Das *Explorationsverhaltenssystem* beinhaltet das Bedürfnis des Kindes, Neues zu erkunden, Wissen über die Welt zu erlangen und sich selbst als wirksam zu erleben. Die Notwendigkeit einer schützenden Bindung zeigt sich besonders dann, wenn das Kind beim Explorieren zwischen dem Anreiz, etwas Neues kennen lernen zu wollen und der Angst vor einer möglichen Bedrohung durch das Fremde hin- und hergerissen ist.

Die Befriedigung von Bindungs- und Explorationsbedürfnis des Kindes ist eine wesentliche Voraussetzung für eine gelungene sozial-emotionale Entwicklung; eine lebenslange Ausgewogenheit beider ist notwendig. Das Bedürfnis nach Bindung ist dem Bedürfnis nach Erkundung komplementär, sie sind wechselseitig voneinander abhängig; das heißt je mehr Bindungsverhalten sichtbar wird desto eingeschränkter ist das Explorationsverhalten und umgekehrt.

Feinfühligkeit zeichnet sich durch Responsivität der Bindungsperson für die Kommunikationsfähigkeit des Kindes aus und verlangt von dieser hohe geistige Flexibilität und Kompromissbereitschaft. Bindungspersonen gehen unterschiedlich feinfühlig auf die Bindungs- und Fürsorgebedürfnisse, aber auch auf die Explorationswünsche ihres Kindes ein. Alle Äußerungen, Zustände und Verhaltensweisen des Kindes sind Informationsträger für die Bindungsperson, durch die sie ihr Kind in seiner Individualität und Einzigartigkeit kennen lernt. Feinfühligkeit ist unbedingt von Überbehütung zu unterscheiden, denn die Bindungsperson nimmt dabei dem Kind nichts ab, was es selbst tun könnte; sie hat somit Respekt vor dem aktuellen Entwicklungsstand und der Autonomie des Kindes:

„Elterliche Feinfühligkeit bedeutet nicht, allgemein Experte/in für kindliche Signale zu sein, sondern die Signale eines besonderen, eben seines Kindes lesen zu lernen und angemessene Reaktionen darauf gemeinsam mit diesem Kind herauszufinden. Diese Eltern respektieren ihr Kind von Anfang an als eine autonome Persönlichkeit, mit der ein gelingendes Zusammenspiel durch das Suchen von Einvernehmen angestrebt wird." (Suess 2001, 42)

Mary Ainsworth entwickelte ein sogenanntes *Feinfühligkeitskonzept*, wobei sie die Feinfühligkeit (für die Kommunikationen des Babys) durch vier Merkmale definiert hat:

Die *Wahrnehmung* der Äußerungen und Verhaltensweisen des Kindes, Präsenz und geringe Wahrnehmungsschwelle der Bindungsperson.

Die *„richtige" Interpretation* der Äußerungen des Kindes aus seiner Sicht und nicht gefärbt durch Bedürfnisse der Bindungsperson.

Die *„prompte" Reaktion*, damit das Kind eine Verbindung zwischen seinem Verhalten und der Handlung der Bindungsperson herstellen kann, wodurch ein Gefühl der eigenen Effektivität und Kompetenz, im Gegensatz zur Hilflosigkeit, vermittelt wird.

Die *„Angemessenheit"* der Reaktion, die dem Kind das „gibt", was es braucht, nicht mehr und nicht weniger. Diese verändert sich also mit der Entwicklung des Kindes.

Die Feinfühligkeit bzw. die *Qualität der Mutter-Kind-Interaktion* wird auch von anderen Theoretikern mit ähnlichen Begriffen umschrieben: Von Papoušek & Papoušek wird sie als

„*intuitive elterliche Kompetenz*" bezeichnet, von Feldman als „*affektive Synchronizität*" oder von Bion als „*Containment*". (Vgl. Grossmann 2004, 119 u. Ahnert 2004, 32)

Als Analogie zum Feinfühligkeitskonzept der Bindungstheorie kann man den *Containment*-Begriff von Wilfried Bion sehen. Unter Containment wird in der psychoanalytischen Tradition die Fähigkeit der Mutter verstanden, die Affekte des Kindes zu regulieren bzw. als *Container* und *Regulator* für positive, aber vor allem negative Gefühle zu fungieren. Die Aufgabe der Bezugsperson besteht darin, Gefühlsäußerungen des Kindes wahrzunehmen, stellvertretend für das Kind bei sich zu „verdauen", d.h. zu verstehen, die Bedeutung herauszufinden und einen sprachlichen Ausdruck dafür zu finden. Durch das Benennen und „Verändern" von negativen Gefühlen werden diese für das Kind erträglich und weniger bedrohlich und ermöglichen ihm, damit umzugehen. Containment bedeutet also mehr als nur „Spiegelung", da die Signale des Kindes modifiziert zurückgegeben werden. Dies bedeutet beispielsweise beim Weinen des Kindes, dass die Bezugsperson den ärgerlichen Gesichtsausdruck des Kindes aufnimmt (Spiegelung), jedoch in ihrer Stimmlage Beruhigung signalisiert (Verstehen und Verändern). Um eine kompetente Container-Funktion erfüllen zu können, muss die Bezugsperson selbst negative Gefühle aushalten können, sich darauf einlassen und nicht verdrängen oder sich davon überwältigen lassen. Wenn das Kind im Laufe seiner Entwicklung viele solche positiven Erfahrungen gemacht hat, kann es später selbst diese Containing-Funktion übernehmen.

Die Bindungstheorie besagt, dass die Feinfühligkeit einer Bindungsperson ein zuverlässiger Prädiktor für die spätere Bindungssicherheit des Kindes ist; das heißt je feinfühliger eine Bindungsperson ist desto sicherer ist die Bindung des Kindes zu ihr.

Sicher gebundene Kinder können ihre Bindungspersonen bei emotional belastenden Situationen als sichere Basis nutzen, können ihnen ihre Unsicherheit und Angst direkt und unvermittelt mitteilen, mit deren Hilfe und Unterstützung ihre Sicherheit wiedererlangen und somit wieder explorieren. Je größer Angst, Schmerz oder Trauer eines Kindes in einer Situation sind, desto dringender braucht es die Verfügbarkeit seiner engsten Bindungsperson – und findet es auch nur bei dieser Trost. Wenn sicher gebundene Kinder in einer für sie belastenden Situation mehr Weinen (als unsicher gebundene), ist dies nicht ein Zeichen für größeren physiologischen Stress, sondern eine Erfolg versprechende zusätzliche Anstrengung, in den beruhigenden Kontakt mit der Mutter zu kommen.

Mit zunehmendem Alter und der damit wachsenden Erfahrung und dem Vertrauen auf sich selbst kann sich das Kind immer weiter und länger aus der schützenden Nähe der Bindungsperson begeben und es reicht dann oft eine „symbolische Nähe" aus (durch ein Telefongespräch oder die bloße Vorstellungskraft), um das Gefühl der Sicherheit zu erleben. *„Die Erfahrungen mit einer sicheren Basis werden zum Kern des eigenen Selbst. Ein bindungssicherer Hintergrund führt zu erhöhter Autonomie, ein unsicherer Bindungshintergrund zu vermehrter Abhängigkeit. Es ist schon bezeichnend, dass gerade aus der Angst heraus, Kinder zu verwöhnen, der Grundstock für spätere Abhängigkeiten geschaffen wird. Einfühlsames Eingehen auf die Kinder führt zu größerer Autonomie und keineswegs dazu, dass diese Kinder später am Rockzipfel der Eltern hängen, wie es lange Zeit nicht nur von Eltern, sondern auch von manchen Praktikern behauptet wurde."* (Suess 2001, 50)

Soziale Kompetenz und Autonomie entsteht auf der Grundlage von sicherer Bindung und nicht durch erzwungene Unabhängigkeit oder gar Beziehungslosigkeit. Sichere, autonome Bindung im Jugendlichen- oder Erwachsenenalter besteht dann, wenn das elterliche innere Arbeitsmodell vorwiegend positiv dominiert ist oder wenn die reflexive Kapazität ausreicht, mit negativen Erfahrungen umgehen zu können und sie in die Persönlichkeit zu integrieren. Ein sicher gebundener Erwachsener kann also schlimme Kindheitserfahrungen durchaus erinnern, aber er kann diese damit verbundenen negativen Gefühle artikulieren und positiven Lebenszielen unterordnen.

Sichere Bindung ist zum einen ein wichtiger *Schutzfaktor* in belastenden Situationen und bei kritischen Lebensereignissen und hat zum anderen die Funktion eines „sozialen Puffers" bei schwierigen individuellen Dispositionen wie beispielsweise einer Behinderung.

Die Bindungstheorie und -forschung findet deshalb vermehrt auch Anwendung im Bereich der *psychosozialen Gesundheit* und zeigt hierbei Möglichkeiten der Intervention und Prävention auf. Bindungstheoretisches Wissen ist eine wichtige Voraussetzung, um in Bereichen wie der Erziehungsberatung, der Jugendhilfe, der Fremdunterbringung im Heim oder Pflegefamilie, bei Sorgerechtsentscheidungen nach Trennung oder Scheidung adäquat intervenieren zu können.

Bowlby selbst hat schon Konzepte der Bindungstheorie für den Bereich der Psychotherapie formuliert. So können in einer *therapeutischen Beziehung* alte und unangemessene Bindungsmodelle aufgespürt werden und neue Wahrnehmungs-, Interpretations- und Verhaltensmuster, die vorher nicht verfügbar waren, erarbeitet werden. Der Therapeut (oder eine neue Bezugsperson, Pflegemutter oder ein Partner) kann dabei als sichere Basis fungieren und somit das Entstehen einer positiven und sicheren Bindungsrepräsentation fördern.

Aus der Bindungstheorie haben sich zusätzlich unterschiedliche Interventionsprogramme wie die Eltern-Kind-Psychotherapie, Eltern-Säuglings-Beratung oder sogenannte „Feinfühligkeitstrainings" entwickelt, mit dem Ziel, gefährdete Eltern-Kind-Bindungen zu stabilisieren, verlässliche Bindungspersonen zur Verfügung zu stellen oder Risikofamilien zu unterstützen. Ein großer Stellenwert wird dabei der Entwicklung präventiver Konzepte eingeräumt, um langfristige negative Folgen in der Eltern-Kind-Bindung und somit in der psychischen Entwicklung des Menschen zu verhindern.

3. „Bindungen" aus lebensphänomenologischer Sicht

Die Erfahrung von Bindungssicherheit, Verlässlichkeit und Geborgenheit in der Kindheit ist von nicht zu unterschätzender Wichtigkeit. Und doch bleiben Fragen offen: Auf welchem Hintergrund können wir von affektiven Erfahrungen wie Vertrauen, Liebe und Bindungen sprechen? Welche Quelle ermöglicht diese lebenswichtigen Empfindungen und Beziehungen?

61

Wird das Kind erst durch Bindungserfahrungen zu einer individuellen Persönlichkeit?

Hier stößt die Psychologie als Wissenschaft vom „Erleben und Verhalten des Menschen" an ihre Grenzen, da sie sich in der Regel nur auf Beobachtungen und Messungen stützt. Wir wagen hier den Versuch, über diese Grenze der Psychologie hinaus zu fragen und glauben, in der Anthropologie und der Philosophie, speziell der Lebensphänomenologie als einer modernen Richtung der Philosophie, einen Gesprächspartner gefunden zu haben.

Wichtige Schlüsselbegriffe sind in diesem Zusammenhang *Leben, Lebendigkeit, Affektivität* und *intropathische Gemeinschaftlichkeit.*

Medizin und Psychologie stellen es nicht mehr in Frage, dass jedes Neugeborene schon bei der Geburt eigene Lebendigkeit, Emotionalität und die Fähigkeit zu Sinnesempfindungen und Bewegung mitbringt. Entsprechende wissenschaftliche Untersuchungen während der Schwangerschaft unterstützen diese Erkenntnisse. Daraus ergibt sich als konsequente Schlussfolgerung: *Menschsein* im Vollsinn des Wortes bedeutet, *fühlen* und *in Beziehung treten* zu können; es ist nicht an Leistungsfähigkeit und bewusstes Handeln gebunden. Diese ethische Grundhaltung steht immer wieder auf dem Prüfstand, wenn wir den Wert ungeborenen Lebens, aber auch der gesamten Kindheit hinterfragen. Die gleiche Frage stellt sich bei der Betrachtung des Lebens behinderter und dementer Menschen.

Das Verbindende unseres Menschseins ist die individuelle Lebendigkeit, die eigene Affektivität und die alles umfassende Sinnlichkeit. Mit diesem Reichtum kommen wir auf die Welt und verlassen sie wieder.

In der Lebensphänomenologie ist der Begriff des *Lebens* von zentraler Bedeutung. Das Leben ist die Quelle aller Erscheinungen menschlichen Daseins in dieser Welt. Es individuiert sich in jedem Menschen, ist also Vielfalt und Einheit zugleich. Die Philosophie spricht hier von der Gleichzeitigkeit von Immanenz und Transzendenz im Vollzug jedes individuellen Lebens. Spürbar und erfahrbar ist dies für jeden Menschen in seinem Selbsterleben: „Ich fühle und denke (und dies als unauflösbare Einheit), also bin ich", um es mit einem modifizierten Satz des Philosophen Descartes zu sagen.

Jedes individuelle Leben ist zuerst und in erster Linie Beziehung zu sich selbst, zum absoluten Leben. Dieses absolute Leben ist keine anonyme Macht, sondern eine affektive Kraft, die jeder in sich spüren kann, aus der heraus er lebt. Die Lebensphänomenologie spricht hier von der *Selbstaffektion* des Lebens. Alle Bewegungen, alle Sinnesempfindungen, die ganze Vielfalt der Gefühle von Schmerz bis Freude sind Ausdruck dieser Urkraft in uns. Sie ist für jeden spürbar und erlebbar, für jeden Embryo, für jeden geistig behinderten und geistig nicht behinderten Menschen, selbst für jeden dementen, psychiatrisch erkrankten oder im Koma liegenden Patienten. Dieses Leben enthält alle Möglichkeiten menschlicher Entwicklung, menschlicher Daseinsformen. Es offenbart sich in jedem individuellen Leben, unabhängig davon, ob der Einzelne dieses Leben überhaupt will oder nicht. Das Leben hat immer schon im voraus zu jedem Menschen „Ja" gesagt. Dies kann als Freude, aber auch als unaushaltbare Zumutung erlebt werden und bis zum verzweifelten Sich-Wehren gegen dieses Leben führen.

Die Lebensphänomenologie beschreibt dies als Passibilität: Ich kann dieser Lebendigkeit nicht entrinnen; selbst mein „Ja" oder „Nein" zu meinem Leben setzt diese Urkraft schon voraus. Eltern sind nicht Schöpfer dieser Lebendigkeit. Sie ermöglichen durch Zeugung und Geburt, dass dieses individuelle Leben in die Welt treten kann und mit seiner Leiblichkeit eigene Lebensmöglichkeiten entdecken und gestalten kann.

Wie wir im ersten Teil schon betont haben, ist die Fürsorge und Beziehung der Eltern für ihre Neugeborenen und Heranwachsenden als wichtige Bindungspersonen von immenser Bedeutung. Diese tief emotionale wechselseitige Bindung ist aber nur möglich, weil Eltern und Kinder der gleiche Lebensursprung verbindet. Die Lebensphänomenologie spricht in diesem Zusammenhang von *intropathischer Gemeinschaftlichkeit* als Basis jeder Beziehungserfahrung. Intropathie geht über jedes empathische „Sich-Einfühlen" hinaus und meint die Fähigkeit, auf Grund gleichen Ursprungs im Leben ein „Sich-hinein-versetzen-Können" in das lebendige Dasein des Anderen. Das gemeinsame Sein von Eltern und Kindern beruht also auf der immanenten pathischen Subjektivität als individuiertes Leben, das wir alle sind. Jede Erfahrung eines anderen Menschen vollzieht sich immer in der Form eines affektiven Geschehens. Dies ist auch die Wurzel jeder Bindungserfahrung.

4. Erfahrungen aus der Praxis

In einem anschließenden Praxisteil geht es um Kinder und Jugendliche, die nicht in ihren Herkunftsfamilien aufwachsen. Diese Kinder und Jugendlichen leben aus den unterschiedlichsten Gründen eine Zeit lang oder bis sie selbständig leben können, in Wohngruppen. Diese Wohngruppen werden von Pädagogen betreut, die mit ihnen zusammen leben.

In der täglichen Praxis zeigt sich bei Kindern und Jugendlichen, die keine verlässlichen Bindungen erlebt haben, eine große Schwierigkeit, eigenständig Verantwortung zu entwickeln. Sie versuchen auf der einen Seite, selbständig zu sein, wollen für sich selbst sorgen, sind aber in der Lebenspraxis oft kaum in der Lage, sich auf ihr eigenes Grundvertrauen zu verlassen. Sie sind bemüht, sich an den gegebenen Bedingungen zu orientieren, haben aber nur ein zaghaft ausgeprägtes Selbstvertrauen.

Dies zeigt sich beispielsweise bei Jugendlichen, die darauf vorbereitet werden, selbständig und alleine zu leben. Die Jugendlichen haben eine unklare bildhafte Vorstellung, wie eigenständiges Leben aussieht. Sie hoffen, dass die Organisation ihres Lebens von anderen übernommen wird und sie sich in diesem Rahmen bewegen können. Sie glauben wenig an die eigenen Gestaltungsmöglichkeiten, sondern eher an die Notwendigkeit der Anpassung. In Gesprächen orientieren sie sich an unmittelbaren Bedürfnissen, wie konkrete Freizeitgestaltung und Erlangung von für sie interessanten Konsumgütern. Sie scheinen überfordert mit dem inneren Wissen, dass sie der Gestalter ihrer eigenen Handlungen sind. Aus eigener Erfahrung können wir berichten, dass es bei ihnen eine Irritation hervorruft, wenn verschiedene Handlungsmöglichkeiten angeboten werden und *ihre* Entscheidung gefragt ist. Die äußeren Bedingungen sind oft kompliziert und wenig überschaubar. Es besteht die Notwendigkeit, sich in ein von Außen gesetztes Leistungsgefüge einzuleben. Diese Anforderungen erleben die Jugendlichen eher als Druck denn als Motivation, und sie haben oft den Eindruck, diese nicht bewältigen zu können. Dies erzeugt bei den Jugendlichen das irrtümliche Grundgefühl: nur wenn ich etwas leiste, bin ich etwas wert. Oftmals sträuben sie sich deshalb gegen das Leistungsgefüge und stellen ein unbequemes „*Ich bin*" in den Raum. Das Unbequeme äußert sich in der Suche nach Aufmerksamkeit, indem sie sich den äußeren Bedingungen nicht anpassen, aber auch noch keinen konstruktiven Weg gefunden haben. Dabei scheint es so, als wollen sie einem Gegenüber zeigen, sie können sich durchsetzen, ohne zu berücksichtigen, dass es sich um ihre eigene Lebensgestaltung handelt. Die Betreuer begleiten eine gewisse Zeit ihren Weg, aber für die Jugendlichen ist es notwendig, eigene Verantwortung zu entwickeln.

Trotz unterschiedlicher Biographien haben Jugendliche, wenn die nächsten Schritte organisiert waren (wie z.b. ein Ausbildungsplatz oder der Umzug in die eigene Wohnung) statt des motivierten Vorangehens eher Rückschritte gezeigt. Sie stellten durch Fernbleiben den Ausbildungsplatz in Frage oder durch problematisches Verhalten die Jugendhilfemaßnahme. Oft gehen diese Auseinandersetzungen bis an eine Grenze, die zu einer Entscheidung führen muss. Es entsteht für die Jugendlichen ein zunehmender Druck durch die Erwachsenen, dem sie sich mit Angriffsverhalten oder entziehendem Verhalten entgegenstellen. Die Begründungen für ihr Verhalten beziehen sich in dieser Phase ausschließlich auf andere Personen oder Situationen. Es scheint manchmal so, als benötigten sie das rebellische Verhalten, um sich zu spüren und zu erfahren, dass es um sie selbst geht. Entsteht dann der Moment, wo Gespräche stattfinden, die nicht vorwiegend Situationsbeschreibungen zum Inhalt haben, so können Ängste und Befürchtungen geäußert werden. Eine immer wieder geäußerte Sorge ist die, alleine zu leben. Es wirkt manchmal so, als würde das bereits Erlernte „aussetzen" und nicht mehr abrufbar sein.

Gerade wenn Jugendliche in der Phase der Pubertät in eine Wohngruppe aufgenommen werden, orientieren sie sich zu Beginn ausschließlich an den äußeren Bedingungen. Je deutlicher sie spüren, dass die Personen, die sie begleiten, ihre Bedürfnisse und Vorstellungen ernst nehmen, desto stärker wird nach einer gewissen Zeit ihre Selbstverantwortung wahrnehmbar. Eine Hauptaufgabe ist der tägliche Schulbesuch. Auch in diesem Bereich wird deutlich, dass Jugendliche für sich oft keine Notwendigkeit darin sehen. Sie sprechen davon, einen Schulabschluss erreichen und diesen auch als Grundlage für eine Ausbildung nutzen zu wollen, aber verbinden dieses Ziel kaum mit ihren eigenen Handlungen. Diese Diskrepanz wird oft zu einem täglichen Kampf zwischen Betreuern und Jugendlichen, der mit dem Wecken beginnt, Anrufen in der Schule und manchmal sogar die Begleitung eines 15jährigen zur Schule nach sich zieht, damit er dort auch ankommt. Es wirkt manchmal wie ein „Katz und Maus Spiel". Die Erwachsenen bauen ein Netz der Kontrolle auf, und der Jugendliche erprobt, wie er es umgehen kann.

In der Praxis wird deutlich, dass die Jugendlichen über das Gespräch oft keine Vorstellung über die eigenen Fähigkeiten und Möglichkeiten entwickeln, sondern meistens nur über das selbst Erlebte. Das kann bis zur Entlassung der Jugendlichen aus den Wohngruppen gehen. Bei einigen Jugendlichen heißt dies, dass sie sich unter ungünstigeren Bedingungen selbst erproben müssen. Erleben die Jugendlichen im Erwachsenen ein authentisches Gegenüber, ist zu beobachten, dass sie darin eine Orientierung finden, aber erst nach einer gewissen Zeit daran glauben können, dass sich eine andere Person um sie sorgt. Die erlebte Sorge durch einen anderen lässt bei ihnen eine Sicherheit entstehen, die ein Vertrauen in die eigene Selbständigkeit wachsen lässt. Erst wenn sie ein Vertrauen in ihr eigenes Können gefunden haben und ein Vorhaben, das sie für sich als wichtig einschätzen, sind sie bereit, eigenverantwortlich zu handeln.

Eine weitere wesentliche Erfahrung für Kinder und Jugendliche ist das Erleben von Zuverlässigkeit durch ihnen nahe stehende Personen. Sie hatten in ihren Ursprungsfamilien selten das Gefühl, sich auf Erwachsene verlassen zu können. Erfahren sie durch ihre Betreuer wiederholt und in verschiedenen Situationen, dass Gesagtes im Handeln auch umgesetzt wird, können diese Kinder und Jugendliche Vertrauen entwickeln. Zunehmend wächst durch diese Erfahrungen die Zuversicht, dass es Menschen gibt, die verlässlich handeln. Dies hat auch Auswirkungen auf ihr eigenes verantwortliches Umgehen mit anderen. Sie erleben sich dadurch zum ersten Mal als selber wirksam. Das eigene Bewirken gibt den Kindern und Jugendlichen eine Grundsicherheit, aus der heraus sie in die Welt treten können.

Leben *im* Trauma

Zur Bewegung der Lebensselbststeigerung bei Traumatisierung

SUSANNE BROOKMANN

> *Wie wäre es denn,*
> *wenn wir jedem Menschen begegneten,*
> *als sei er eine Gottheit?*
> *Was würde sich denn dadurch verändern?*
>
> *Achim Noschka*

Das Phänomen der Traumatisierung hat sich innerhalb weniger Jahre den Weg aus einem vagen Graubereich in das Licht der öffentlichen Aufmerksamkeit erobert. Lange Zeit war die Thematik tabuisiert. Betroffene haben dadurch zusätzlich zu ihren Primärerlebnissen viel Verständnislosigkeit erfahren. Bis in die aktuelle Situation hinein ist diese Konstellation noch nicht wirklich durchbrochen. Wertvolle neue Erkenntnisse im Bereich neurophysiologischer Forschung haben jedoch eine gewisse Klärung bewirkt und wesentliche Zusammenhänge transparent gemacht. Feinstes Instrumentarium begleitet bis an die Grenze der Sichtbarmachung und entläßt in einen Metabereich hinein, der nur noch in einer sich einlassenden, mitvollziehenden Bewegung erfahrbar ist, da er sich jenseits aller objektiv erfaßbaren Struktur erst eröffnet. Das „Außen" gegebener und auffindbarer Struktur mündet unmittelbar in eine nur noch im „Innen" erfahrbare Dimension ein. Die vorliegende Auseinandersetzung ist eine Einladung in eine Verlangsamung hinein. Sie führt durch Wahrnehmung physiologischer Grundlagen in ein prozeßhaftes Geschehen hinein, das als *Lebensbewegung* traumatisches Erleben konstituiert und den Zugang zu therapeutischen Konsequenzen erschließt.

I. Physiologische Grundlagen

1. Die traumatische Erinnerung

Um sich dem Phänomen der Traumatisierung anzunähern, ist es hilfreich, physiologische Prozesse mit einzubeziehen, da sich in ihnen traumatisches Erleben auf prägnante Weise zum Ausdruck bringt. Ein Mensch gilt als traumatisiert, wenn seine Informationsverarbeitung für überwältigende Lebensereignisse fragmentiert und unvollständig ist. Traumatische Erinnerung ist zersplittert, bruchstückhaft, unzusammenhängend. Es ist nicht möglich, das Ereignis zusammenhängend zu erinnern oder zu erzählen. Was ist da geschehen? Gemäß seiner Definition bewirkt ein traumatisches Ereignis den Zusammenbruch unseres Informationsverarbeitungssystems. Dem liegt zugrunde, daß Informationen, Reize, denen wir ausgesetzt sind, hauptsächlich durch zwei verschiedene neuronale Systeme verarbeitet und als Gedächtnisinhalt gespeichert werden. Die „Zuständigkeit" des Gedächtnisspeichers ist abhängig von der Intensität des Reizes. Die Eindrücke des „normalen" Alltagserlebens, ebenso wie auch noch ansteigender Streß, werden in einem Subsystem unseres Gehirns, einem Gedächtnissystem des limbischen Systems, das heißt dem Hippocampus („Seepferdchen" aufgrund der Form), verarbeitet.

Der Hippocampus ist mit dem Neokortex der linken Hemisphäre, mit anderen Worten mit dem bewußten, logischen Denken und Sprachzentrum, verbunden. Es ist das „explizite Gedächtnis". Er speichert die bewußte, deklarative Erinnerung, die integrierte biographische Erfahrung. Er ist ein Kontextgedächtnis. Er ist episodisch, kognitiv überprüfbar und narrativ. Die hier gespeicherten Erinnerungen sind uns also zugänglich, und wir können sie im Erzählen wiedergeben. Das Erinnerte ist Teil unserer Lebensgeschichte. Wir können die Inhalte an der Realität überprüfen, das heißt, sie sind uns im Kontext, also in räumlicher und zeitlicher Zuordnung verfügbar. Mit diesem Gedächtnisschatz gestalten wir unser Selbstbild, und zwar relativ ungestört durch das Mitwirken der „Lebenslügen" an diesem kreativen Prozeß. Das Erinnerte ist klar der Vergangenheit zugeordnet. Es wird stets als vergangenes Erleben und niemals als Hier- und Jetzterleben wachgerufen. Der Hippocamus ist erst relativ spät in der Kindheit myelisiert und steht uns also erst in der späteren Kindheit als Gedächtnisspeicher zur Verfügung. Bei gesteigertem Streß führt die Reizüberflutung, sofern weder Flucht noch ein Sichwehren möglich sind, bei jedem Individuum früher oder später an einen „Kollapspunkt". Das ist die Traumatisierungsschwelle, die individuell verschieden und auch für ein Individuum von seiner jeweiligen Befindlichkeit beeinflußt ist. Diese Schwelle macht traumatisches Erleben physiologisch spezifisch. Hier „schaltet" sich der Hippocampus „ab", bzw. er wird durch die erhöhte Funktion eines zweiten Subsystems des limbischen Systems, der Amygdala („Mandelkern", ebenfalls nach seiner Form benannt), gestört und blokkiert. Physiologisch trennen sich hier Streß- und Traumaerleben (van der Kolk 1997, 10).

Die Amygdala ist in Krisensituationen nicht mit dem Neokortex verbunden. Sie besitzt eine Blockade zum Sprachzentrum und bildet die wesentliche Grundlage des „impliziten" Gedächtnisses. Die Amygdala erhält den extrem bedrohlichen Sinnesreiz unmittelbar vom Thalamus unter neuronaler Umgehung der längeren und komplizierteren Verknüpfung über den Neokortex. Die Amygdala ist ihrerseits mit verschiedenen Erregungszentren unmittelbar assoziiert. Sie aktiviert den Basalkern, der das Streßhormon Acetylcholin (ACh) im gesamten Kortext ausschüttet, sowie Erregungszentren im Hirnstamm, denen archaische Flucht- und Verteidigungsreaktionen unterliegen (Ledoux 1998, 311). Ist der Hippocampus in seiner Funktion als Gedächtnisspeicher einem „Archiv" vergleichbar, so übernimmt die Amygdala die Rolle der „Feuerwehr". Metcalfe und Jacobs (1996, 1) sprechen vom „kühlen" (Hippocampus) und „heißen" (Amygdala) Gedächtnissystem.

Aktivierung der Amygdala bewirkt Reaktionen des autonomen Nervensystems (Blutdruck, Herzfrequenz, Schwitzen), hormonale Reaktionen (Ausschüttung von Streßhormonen), artspezifische Verhaltensweisen wie Flucht- und Kampfbereitschaft, Starre und Affektdurchbrüche (Ledoux 1998, 313). Die integrative Funktion des Hippocampus ist in dieser Situation – der traumatischen Situation – verhindert, die Lokalisation von Raum und Zeit versagt, und die überflutenden sowie angstauslösenden Eindrücke werden unter emotionaler Hochspannung, das heißt im wahrsten Sinne des Wortes zersplittert und zusammenhanglos gespeichert. Amygdala arbeitet wirkungsvoll und archaisch. Sie speichert unzusammenhängend extrem bedrohliche Eindrücke aller Sinnesqualitäten sowie die diesen Wahrnehmungen entsprechenden Gefühlszustände. Ein Zusammenhang schaffendes Verstehen wäre Aufgabe des Hippocampus in Kooperation mit dem Neokortex; eine Möglichkeit, die durch die „neuronale Katastrophenschaltung" umgangen, bzw. grundlegend blockiert wird.

Wenn nun die solcherart gespeicherten Informationen „erinnert" werden (als unbewußter Vorgang), steigen sie mit dem Gefühl unmittelbaren Wiedererlebens eines „Hier und Jetzt" auf. So wird verständlich, daß Fragmente des Traumamaterials erinnert werden, als geschähen sie aktuell und mit unverminderter Wucht. Da diese Erinnerungen keinem Anpassungsprozeß unterliegen, bewahren sie ihre volle Kraft (Ledoux 1992 in Chu 1996, 25). Das Erlebte hat eigentlich keine Worte. Es ist daher zunächst nicht zu erzählen und zu beschreiben, sondern als extrem bedrohliches und kaum faßbares Gefühl anwesend. Das durch unbewußtes Erinnern Aufsteigende ist überflutend und mächtig. Es macht Angst, und zwar in einem mit Alltagsbegriffen nicht faßbarem Ausmaß.

2. Die Amnesie – Schutz und Fixierung

Im traumatischen Erleben bedeutet das „Abschalten" der Hippocampalfunktion den Beginn der Amnesie. Die Amnesie ist im höchsten Maße sinnvoll, da ein schweres oder schwerstes Trauma immer eine Todesnäheerfahrung darstellt – eine geniale Lösung, die allerdings Geschehenes nicht ungeschehen machen kann. Das traumatische Erlebnis ist nicht spurlos verschwunden, denn durch traumaverwandte Reize (sogenannte Auslösereize/Trigger) werden die fragmentarisch gespeicherten „Beweisstücke" des Erlebten immer wieder wachgerufen. Das autonome Nervensystem reagiert nun ständig auf jedes aus seinem Kontext gerissene Detail, das an das Erlebte erinnert. Alle Sinnesqualitäten können die nunmehr vermeintliche Bedrohung übermitteln. Und die Amygdala kennt keine gemäßigte Reaktion in bezug auf einen spezifischen Reiz, der einmal mit einer Lebensbedrohung verbunden war. Jeder entsprechende Reiz kann nun eine fortgesetzte Vernichtungsbedrohung mit den dazugehörigen Flucht-, Erstarrungs- und Aggressionsreaktionen auslösen. Dabei gilt es zusätzlich noch, äußere Auslöser und innere Auslöser (etwa einen bestimmten Schmerz) zu unterscheiden. Diese Reagibilität wird als *Hypervigilanz* oder *Hyperarousal* bezeichnet. Die Auslösereize rufen ein unmittelbares Wiedererleben des fraktioniert und verschlüsselt gespeicherten Traumas wach, als geschähe es hier und jetzt. Durch diese „Verschlüsselung" ist das wachgerufene Erleben zwar mächtig, aber nicht klar zuzuordnen. Die Betroffenen verstehen nicht, was da geschieht. Der Kontext fehlt. Das dadurch verstärkt ängstigende Erleben wird auf allen Sinneskanälen wahrgenommen, also zum Beispiel visuell als inwendig ablaufender Film, aber genauso als Gefühle, Körperwahrnehmungen, Gerüche oder Gehörtes („Flash-backs" oder „Intrusionen").

Nahezu alles vermag den Körper nunmehr in Alarmzustand zu versetzen. Die assoziativen Brücken, die das Unbewußte zum Traumamaterial bildet, bleiben den Betroffenen in der Regel verborgen und vergrößern das Reaktionsspektrum noch zusätzlich. Auf der physiologischen Ebene bedeutet die ständige Reaktionsbereitschaft unter anderem eine erhöhte Funktion des Autonomen Nervensystems. Die eigentlich abwechselnd dominanten Subsysteme Sympathikus und Parasympathikus sind gleichzeitig voll aktiviert. Das bedeutet, daß die sympathischen Folgeerscheinungen höchster Alarmbereitschaft und Anspannung noch überlagert oder „maskiert" werden von einer parasympathischen Erstarrungs- und Immobilitätsreaktion (Rothschild 2002, 77). So wiederholt der Körper permanent das traumatische Erleben. Das Ergebnis ist eine nur zu berechtigte, tiefste Erschöpfung durch chronische Überanstrengung. Eine Fixierung an das Trauma hat sich etabliert. Die Unerträglichkeit der Bedrohung läßt durch Ausblenden oder Dissoziieren eine Entfremdung sowohl vom eigenen Erleben als auch von der äußeren Umgebung zu. Dies geschieht durch die Zuhilfenahme von Derealisation und Depersonalisation, die für sich – oder kombiniert – die dem traumatischen Erleben nachfolgende emotionale Taubheit bewirken.

3. Posttraumatische Belastungsstörung – Wiedererleben und emotionale Taubheit

Auf dem beschriebenen Weg bildet sich allmählich der Symptomkomplex der Posttraumatischen Belastungsstörung (PTBS) heraus. Zentrale Merkmale sind anhaltendes Wiedererleben des traumatischen Ereignisses durch Grübeln, Flash-backs, affektives Überflutetwerden und Alpträume sowie eine sich einstellende emotionale Taubheit. Alle weiteren Symptome wie Vermeiden, Hypervigilanz, Erschöpfung usw. ergeben sich sekundär aus Wiedererleben und emotionaler Taubheit. Im Erleben wechseln sich so Zeiten des Überflutetwerdens mit Zeiten der Abwesenheit allen bedrohlichen Materials ab. Diese Wechsel der Befindlichkeit treten vor allem nach Akut-Traumata auf. Bei Abwesenheit des bedrohlichen Materials erscheint emotionale Taubheit mit Beziehungslosigkeit zum eigenen Körper. Gefühlsinhalte und Körpererleben sind „besetzt" mit belastenden Inhalten, die fragmentiert in tiefen Schichten des jeweiligen Individuums aufbewahrt werden.

Bei chronischer Traumatisierung kann sich das Erleben der Betroffenen mit einem Schwerpunkt sowohl im Wiedererleben als auch in der emotionalen Taubheit ansiedeln, wobei dann das jeweils andere Element ebenfalls deutlich vorhanden ist, nur aber nicht so offensichtlich auftritt. Überlebende können durch die permanente Überflutung ihrer traumatischen Vergangenheit so sehr ausgesetzt sein, daß die Gegenwart nichts als eine ständige Reinszenierung des Erlebten darstellt. Es gibt keinen Platz für neues, gegenwärtiges Leben. Permanent anwesende Angst und/oder Aggression täuschen zunächst über die darunter liegende emotionale Taubheit hinweg (vgl. III, 1). Ebenso besteht aber auch die Möglichkeit, so wenig vom Erlebten zugespielt zu bekommen, daß das Trauma scheinbar gar nicht existiert. Einzig die Gefühlsferne und die fehlende Beziehung zum eigenen Körper signalisieren den Betroffenen, daß „irgendetwas nicht stimmt". Das Wiedererleben gibt es auch hier, aber auf ganz „unauffällige" Weise, zum Beispiel als rätselhafte Schmerzzustände.

Wie aus den vorangegangenen Ausführungen deutlich wird, mündet das traumatische Erleben in das je individuell akzentuierte Symptomgespann von „Wiedererleben" und „emotionaler Taubheit" ein. Die emotionale Taubheit gewährleistet den Schutz, um dem – auf unterschiedlichen sensorischen Kanälen sich ereignenden – Wiedererleben standhalten zu können. Damit fällt der emotionalen Taubheit eine zentrale Rolle in der spontanen Verarbeitung traumatischer Erlebnisse zu. Der Schutz, den sie gewährleistet, hat schwerwiegende Folgen für die Betroffenen. Emotionale Taubheit vermittelt das quälende Erleben, nicht bei sich selbst zu sein, von sich selbst „abgeschnitten", getrennt zu sein. Aus meiner Erfahrung mit Überlebenden ist dies die schlimmste Traumafolge – der Ort der tiefsten Verzweiflung. Den Betroffenen zwingt sich die gefühlsmäßige wie existentielle Ungeheuerlichkeit auf, sich im „Abstand" zu sich selbst vorzufinden, und dabei über keine Möglichkeit zu verfügen, diese quälende Distanz aufzuheben. Das Erschrekken, nicht richtig „da" zu sein, öffnet einem permanenten Grauen die Tore: der Angst, sich gänzlich zu verlieren, nicht mehr zu sein, mit anderen Worten vom Nichtsein bedroht und festgehalten im Abstand zu sich selbst leben zu müssen.

Physisch überlebt zu haben, ist also weit davon entfernt, sich als lebendig erleben zu können. Überlebende fühlen sich schal, leer, letztlich wie tot im Leben. Das physische Leben konnte erhalten werden, aber im Inneren ist es wie ausgebrannt. Und je stärker die innere Kluft zu sich selbst ist, desto mehr wird die eigene Situation wie eine ständig sich steigernde Anspannung wahrgenommen, der irgendwann nicht mehr standgehalten werden kann und die ständig droht, in Selbst- oder Fremdaggression zu im- oder explodieren. Was ist da geschehen? Warum vermag nicht das Überleben ganz aus sich heraus zur Beruhigung zu führen? Und wieso bleibt die Bedrohung nicht einmal konstant? Woher kommt die innere Steigerung?

II. Auseinandersetzung mit zentralen Aspekten des traumatischen Geschehens auf der Basis lebensphänomenologischer Betrachtung

Die lebensphänomenologische Analyse des gemeinsamen Quellpunktes von „Kultur" und „Barbarei", die Michel Henry zur Verfügung stellt (1994, 278 ff.), ermöglicht ein differenziertes und vertieftes Verständnis auch der traumatischen Situation. Henry gelingt es hierbei auf eindrückliche Weise, sein Anliegen von der „Wesenswahrheit des Lebens" durch die Ängste wie Traumata hindurch zu illustrieren (vgl. ebd. 293). Seiner Analyse soll im folgenden Schritt für Schritt nachgegangen werden, um das Wesenhafte der traumatischen Situation und ihrer Folgen phänomenologisch grundlegender erfassen zu können.

1. Leben
Leben als transzendentales Phänomen gründet für Henry in der sich niemals in der Sichtbarkeit offenbarenden „Nacht" des Bewußtseins. Das Leben ist der immer unsichtbare Grund von allem, was ist, war oder wird. Was sich im Erscheinen offenbart, bezieht seine Möglichkeit nur aus dieser Hervorbringungsursprünglichkeit. Leben hat niemals eine Distanz zu sich in sich selbst. Die einzig mögliche „Beeinträchtigung" entsteht durch *Vor*-stellung, die mich aber nicht vom Leben trennt — denn auch die *Vor*-stellung ist eine Modalität des Lebens, und vom Leben kann mich niemals etwas trennen. Aber die Vorstellung kann verwandelnd auf die Intensität einwirken, in der sich mein Leben mir offenbart. Dies ist ein gewichtiger Punkt. Für Henry kann es im Leben keinerlei Abstand zum Leben als solchem geben, aber Traumaüberlebende fühlen eine quälende Distanz zu sich selbst. Welche Rolle spielt hierbei die *Vor*-stellung für die erlebte Intensität? Im Gang durch die

Henrysche Analyse soll diese Konstellation näher betrachtet und konkretisiert werden.

Rein phänomenologisches Leben findet sich als Bewegung in sich selbst vor. In seiner ihm zugehörenden Bewegung liegt sein Begehren nach Steigerung. Diese Steigerung äußert sich als Kultur. Für Henry ist Kultur „die Gesamtheit der Praktiken, in denen sich die Überfülle des Lebens ausdrückt. [Diese Praktiken] haben alle die Last, das Zuviel, als Beweggrund." Das Leben strebt in seiner affektiven Bewegtheit die langsame Verwandlung von Schmerz in Freude an. Mit Henrys eigenen Worten: „Diese Steigerung vollzieht sich als Durchquerung des Erleidens, der Anstrengung." (1994, 293) Glückt die Durchquerung (und dies setzt voraus, in meinem Lebensgrund so beheimatet zu sein, daß ich Leid und Anstrengung durch das Erfahren eines verläßlich mich Nährenden durchzuhalten vermag), so kann ich teilhaben an der Erfahrung der Steigerung, und mithin an der Erfahrung des Ankünftigwerdens des Lebens in sich selbst, das heißt in mir, was eine Steigerung der Intensität meiner Lebensselbstoffenbarung mit sich bringt: „Kulturschöpfungen sind Handlungsformen nach Maß unseres pathischen Seinsbezuges – sie steigern sich mit ihm und steigern ihn." (Ebd. 280) Die erreichte Veränderung intensiviert meinen Bezug zum Sein als Leben, und mein so intensivierter Seinsbezug intensiviert seinerseits meine Handlungen. Hier komme ich zu mir. Ich erwache im Leben, indem seine zunehmende Intensität sich in mir ereignet und mich dann wiederum intensiver mein Leben ergreifen läßt.

Mit großer Sorgfalt zeigt Henry auf, daß das Erleben der Steigerung nicht selbstverständlich oder leicht ist. Um sie zu erfahren, muß die Durchquerung des Erleidens als Anstrengung ausgehalten werden. Damit vertieft Henry einen wesentlichen Aspekt des Franklschen Konzepts (1994, 130), das den, dem Leiden sich stellenden „Einstellungswerten" die Superiorität gegenüber „schöpferischen Werten" einräumt. Leiden ist damit also keine Krankheit. Leben ist in sich und aus sich selbst heraus immer auch Leiden. *Dieser Zusammenhang hat im allgemeinen Bewußtsein heute wenig Raum.* Es überwiegt weithin die Annahme,

Leid immer auch verschuldet zu haben. Gerade das hartnäckige und sich beständig noch verstärkende Leid der Traumaüberlebenden wirkt wie ein Magnet für die falschen Ratschläge, welche die Betroffenen in immer noch größere Isolation stoßen. Es ist eben nicht möglich, „die Vergangenheit ruhen" und es sich „einfach gut gehen zu lassen". Noch gravierender ist die unmittelbare „Opferbeschuldigung", die den Betroffenen ganz direkt die „Schuld" am Eintreten des belastenden Ereignisses zuschreibt – eine verbreitete Maßnahme, um die Zurkenntnisnahme der Unberechenbarkeit des Lebens von sich selbst fernzuhalten.

Henry lenkt hingegen die Wahrnehmung auf die Durchquerung des Erleidens als Anstrengung. Die Schärfe seines Blicks liefert das Skalpell, um aus der Alltagssituation das „traumatische Potential" herauszuschälen, und er baut eine Verständnisbrücke zwischen Alltagssituation und traumatischer Situation. Damit rückt uns allen das Trauma näher. Nachvollziehendes Verstehen kann die Kluft zu den Überlebenden verringern und so einen entscheidenden Beitrag zur Befreiung aus der Isolation bei den Betroffenen liefern.

2. Erstarrung

Doch zurück zur Betrachtung der inneren Bewegung des Lebens. Was geschieht, wenn die Durchquerung nicht gelingt? Wenn Leben an mich herantritt, daß ich mir die Situation, in der ich mein Leben zur Steigerung führen will, nicht selber wählen kann? Wenn ich Leben niemals auf ausreichende Weise nährend erfahren habe, um dieser Situation standzuhalten? Wenn die mir aufgezwungene Situation sich mit aller Mächtigkeit als eine unbestehbare Ungeheuerlichkeit vor mir aufbaut? Wenn ich nicht fliehen kann? Wenn ich Leid und Anstrengung der Durchquerung nicht ertragen kann? „Die Durchquerung des Erleidens wird wegen ihres Pathos unterbrochen – bewirkt Einhalt und Umkehrung. Mangels Ausschöpfung des Seins, da es zum Grund seiner selbst in der Selbststeigerung keinen Zugang mehr hat, bleibt dann jedes Bedürfen, jeder Bewegungsansatz wie auf halbem Weg seiner selbst, mithin in seinem Erleiden festgehalten, das sich nicht mehr auf ein Erfreuen hin übersteigt, eine tiefe Malaise. [...] Die Energie ist in sich zur Unbeweglichkeit gebannt, ist ihrem reinen Leid ausgeliefert und darauf eingeschränkt. Die Lebensenergie verbleibt in ungenutztem Zustand, weil das Mehr sich nicht mehr freizügig verwirklichen kann." (Henry 1994, 285 ff.) Eine Bewegung wird also unterbrochen und im Leid gehalten. Etwas bleibt stehen. P. Levine als körperorientierter Traumatherapeut spricht von „erstarrter Energie" (1998, 28). Dieser Moment ist ein Schock. In der traumatischen Situation wird in dieser Sekunde deutlich, daß weder Angriff noch Flucht Ausweg sein können. Die traumatisierte Persönlichkeit wird in sich selbst zurückgeschlagen – ist nur noch rein subjektiv auf sich verwiesen. Für Betroffene bedeutet dies den „Tunnelblick", der die Gefahr fokussiert, alles andere ausklammert, und – geleitet von einer inneren Weisheit, die vom Vermögen intellektueller Betrachtung nicht eingeholt werden könnte – ganz aus sich heraus Bewältigungsmöglichkeiten hervorbringt. Wesentlicher Bestandteil einer Bewältigung, in der weder Flucht noch Angriff möglich sind, ist der „Totstellreflex", bzw. nach Levine die „Immobilitätsreaktion" (1998, 102). In ihr erstarrt das momentane Geschehen.

Es ist beeindruckend, daß im Moment des Stehenbleibens das Alltagsgedächtnis (Hippocampus) durch Blockade vom Erlebnisgedächtnis (Amygdala) abgelöst wird. Das Erlebnisgedächtnis mit seinem enormen Fassungsvermögen hält segmentiert, also nach Sinnesqualitäten aufgesplittert, die bedrohliche Situation als ein Hier- und Jetzterleben mit einer detailgetreuen Genauigkeit fest, die dem Alltagsgedächtnis so niemals möglich wäre. Damit gewährleistet das Erlebnisgedächtnis den Betroffenen die Möglichkeit, zu einem späteren Zeitpunkt (und es können Jahrzehnte dazwischen liegen), wenn eine Beheimatung im eigenen Lebensgrund sorgfältig stattgefunden hat, die unterbrochene Durchquerung dennoch vollziehen zu können und damit das Stehengebliebene aus seiner Erstarrung zu er-lösen. Das „Einhalten" gleicht einem „Einfrieren", in dem jede wesentliche Regung erstarrt, aber in ihrer Erstarrung fixiert erhalten bleibt – als Zeugnis der aufgezwungenen Unzumutbarkeit. Während das amnestische Geschehen ein spezifisch traumatisches Erleben charakterisiert, weist Henry mit dem „Einhalt" auf die Alltagsparallele hin. Ich vermag etwas mir Wichtiges nicht zu verwirklichen. Es ist zu schwer. Dieses „Schwere" kann ich nicht er-tragen. Die Durchquerung gelingt nicht. Etwas in mir bleibt benommen und erstarrt an der Schwelle zurück.

3. Stau

Doch im Einhalt, in der Erstarrung, ist keineswegs ein Stillstand. Die Lebensbewegung ist nicht aufzuhalten. Das auf Steigerung ausgerichtete Leben kann sich *nicht* nicht verwirklichen. Durch den traumatischen Schock ist eine Modalität des Lebens in die Immobilität verbannt. Doch das Leben kann nicht aufhören, lebendig zu sein. Nun übernehmen andere Modalitäten die Führung: „Das Ankünftigwerden hört deshalb nicht auf, und auch nicht die Steigerung, noch das Mehr, das ihr inhärent ist. [...] Ein Freisetzen der Energie ist verhindert – sie ist [in ihrem Festgehaltensein] mit sich selbst beladen, mit einer Last, die in jedem Augenblick schwerer wird, da die Energie sich in keinem Augenblick in das Erfreuen der Steigerung umkehrt. So lebt sie dies als das Unerträgliche, dem sie sich jedoch nicht entziehen kann und vor dem sie nicht zu fliehen vermag. Die Unmöglichkeit, vor sich zu entfliehen, wird ihre Angst, [...] trachtet danach, sich in ein Beliebiges zu verwandeln – aber der Weg der Steigerung ist verschlossen. Dies schafft eine Situation extremer Spannung, aus der das Individuum sich befreien will." Henry beschreibt hier (1994, 289 ff.) sehr eindrücklich die Unerträglichkeit, die dadurch gegeben ist, daß wir unser Leben niemals „abstellen" können. Selbst in dieser aussichtslosen Lage kann ich mich meiner Lebendigkeit nicht entziehen. In die Ohnmacht der Erstarrung fließt mein Leben weiter hinein – und kann nicht mehr heraus. Alles Leben, das in der Ohnmacht zu mir anströmt, läßt mich diese Ohnmacht verstärkt und zunehmend quälend erfahren. Und mein Leben hört nicht auf mit seinem Strömen. Leben ist in sich eine *Urmächtigkeit*. Gibt es etwas Unpassenderes für eine Urmächtigkeit, als sich in der Ohnmacht zu erfahren? In der Arbeit mit Traumaüberlebenden wird deutlich, daß nichts schlimmer ist, als „Opfer" zu sein. Die relativ junge Begriffsprägung der „Überlebenden" greift dieses Dilemma auf und verschiebt den Akzent auf ein Vermögen, das den Betroffenen zunächst – aus der Ohmacht heraus – noch verstellt ist. Das Herausarbeiten und Miterleben dieser beständig anwachsenden Unerträglichkeit ist unerläßlich, um das traumatische Erleben in seinem Grundgeschehen erfassen zu können. In diesem durch Ohnmacht hervorgerufenen Lebensstau urständet die ganze weitere innere Bewegung des Lebens, die für Betroffene sowie für Außenstehende so schwer zu akzeptieren bleibt. Im traumatischen Geschehen ist eine Situation an ihre äußerste Grenze getrieben, die in sich über ein breites Intensitätsspektrum verfügt. Viel Ohnmacht verbirgt sich in unserem Alltag.

4. Umkehr und Sog

Was sich lange genug staut, wird bei beständigem Zufluß früher oder später eine neue Fließrichtung finden. Dies ist ein komplexes Geschehen, in dem sich zumindest zwei wesentliche Ebenen überlagern. Auf einer ersten Ebene vollzieht sich der „Umschlagpunkt" von *Selbstbejahung* in *Selbstverneinung*, die „Umkehr" als solche. In der traumatischen Situation (und hier besonders deutlich in der chronischen Traumatisierung, das heißt unter der Einwirkung ritueller Gewalt) ist es das Moment der „Täteridentifikation". Das Kind, ausgestattet mit tiefen Vertrauenskräften und der Lebensgewißheit seiner Kostbarkeit, ist in gutem Sinne abhängig von seinem es versorgenden Umfeld. Wird es von diesem Umfeld mißhandelt, durchläuft es alle bislang geschilderten Stationen. In der sich steigernden Unerträglichkeit der Ohnmacht „opfert" es dann die Lebensgewißheit seiner Kostbarkeit. Das Kind verinnerlicht in dieser Situation zutiefst, daß der Täter richtig handelt, und es selbst diese Behandlung verdient hat. Damit erhält es sich den überlebensnotwendigen Glauben an sein Umfeld – um den Preis seiner Selbstachtung. An die Stelle der Gewißheit um die eigene Kostbarkeit setzt sich nun eine als echt erlebte Gewißheit des eigenen Schlecht-seins. Da die Mächtigkeit des Lebens mit diesem Zugeständnis aber noch immer in Ohnmacht gefangen bliebe, führt letztlich nur die gänzliche Bejahung aus ihr heraus – und damit hat das Kind das erlittene Verhalten als eigenen Zugang zu Macht und scheinbarer Autonomie erfahren.

Was ist geschehen? Zuerst löst sich das Kind von seinem Werterleben. Jetzt fühlt es sich schuldig, schlecht, unwert. Hier kann es das erlittene Verhalten als solches noch stark ablehnen. Es erlebt sich als unwertes Opfer und ist sehr geschwächt. Daran unmittelbar gekoppelt, und zwar um so eindeutiger, je massiver Gewalt einwirkt, aktiviert es seine tiefste Schicht, seine tiefste Lebenskraft, die ihrerseits jetzt zu ihrem wirksamsten Hilfsmittel greift: dem vollen „Ja" zur Situation. In diesem „Ja" liegen ungeheuerliche Kräfte verborgen – die nun ein Überwinden der Ohnmacht bewirken sowie das Erleben von Macht und scheinbarer Gesamtpersönlichkeit. In der Arbeit mit Überlebenden ist es immer erneut zutiefst beeindruckend, was ein Kind durch ein „Ja" auszuhalten vermag.

Daß sich die geschilderte Entwicklung in dieser Folge vollzieht, zeigen die Persönlichkeitsprofile „innerer Personen" in der Dissoziativen Identitätsstörung (DIS): einerseits in der inneren „Opfer-Täter-Spaltung" und andererseits in der selbstablehnenden Grundstruktur der inneren „Täterpersönlichkeiten". Mit diesem „Umkehr-Geschehen" hat sich im Persönlichkeitsgefüge Grundlegendes verwandelt. In der Selbstbejahung will sich das Leben in einer Steigerung verwirklichen, die das Individuum als Bereicherung, als Intensivierung seines Seinsbezugs erlebt. Im Stau der Ohnmacht hat der Lebensfluß seine „Fließrichtung" geändert – er fließt jetzt in Lebensselbstverneinung gegen die Individualität, indem das Leben sich in seiner Selbstverneinung zu steigern trachtet: „So bringt sich die Bewegung der Lebensselbstverneinung nicht auf rätselhafte Weise im Leben hervor, vielmehr vollzieht sie sich als dessen eigene Bewegung. [Die Unterbrechung] geschieht nie als bloßer Einhalt, sondern bereits als Verweigerung und Umkehrung. Im Rückbildungsvorgang bleiben Energie und Affekt bestehen, bewirken höheren Spannungsgrad und damit Druck. Die Energie [...] entlädt sich in rohen Formen." (Henry 1994, 211 u. 278 f.)

Auf einer zweiten Ebene wird der beschriebene Vorgang der „Umkehr" durchaus vollzogen, doch nicht mehr zur Zufriedenheit der Individualität. Das gegen sich selbst gerichtete Leben mit seinem unverminderten Steigerungsbegehren wird zum „Sog". In der traumatischen Situation sowie im Alltagserleben findet hier zum Beispiel ein als zwanghaft empfundenes Ausagieren von Aggression in Gestalt von Gewaltphantasien statt, das nicht mehr zu stoppen ist, aber auch nicht mehr entlastend im Sinne von Spannungsauflösung erlebt wird. Oder aber der „Sog" meldet sich in partiellen „Dammbrüchen", die selbstschädigendem Verhalten jeglicher Art die Tore öffnen: „Jetzt kommt es auch nicht mehr darauf an." Ein Aufgeben. Ein resigniertes oder wütendes Sich-dem-Sog-Ergeben, ohne dabei etwas für sich zu gewinnen. Der Sog löst intensive Angst vor Kontrollverlust aus.

„Dieser Vorgang wiederholt sich von da an unbegrenzt. Jeder Rückzug auf rohere Formen des Empfindens, Denkens, Handelns ruft zusätzlichen Fluß freier Energie hervor, und damit größere Unzufriedenheit [...]; und ein größeres Bedürfnis, davon loszukommen [...] führt zur Entfesselung unkontrollierter Energien. Wenn die Barbarei sich ereignet [...], geschieht dies niemals in Gestalt einer unerklärlichen Lähmung der Lebensmächte. Diese müssen sich vielmehr gegen sich selbst wenden, und zwar in den starken Phänomenen des Hasses. [...] Und sie tun dies in dem Maße, wie das Leben im Leid [...], sowie im Unvermögen, sich nicht mehr selbst ertragen zu können, den Versuch unternimmt, von sich selbst frei zu kommen. Es gibt also keine Barbarei ohne das plötzliche Hervorbrechen des Bösen, das heißt ohne diesen wahnsinnigen und dennoch vollkommen verständlichen Willen zur Selbstzerstörung. [...] Das Böse geht immer aus dem Guten hervor – und ist kein Prinzip, das diesem äußerlich wäre." (Henry 1994, 291 f.) Die Umkehrbewegung von Lebensselbstbejahung in Lebensselbstverneinung, hervorgerufen durch Ohnmacht und Stau, geht also unmittelbar in einen „Sog" über, der sich durch das dem Leben inhärente Steigerungsbegehren ebenso wie die Ohnmacht nicht nur aufrecht erhält, sondern sich kontinuierlich ausweitet. Der von P. Levine geprägte Begriff des „Traumawirbels" erfaßt und verbildlicht dieses Geschehen intuitiv (1998, 195 ff.)

5. Sprung

In dieser verzweifelten Lage steigt die innere Spannung bis zur Unaushaltbarkeit. Sie führt zum „Sprung außerhalb von sich, als dem einzigen Mittel, diesem Vorgang ein Ende zu machen. Flucht in die Außenheit, vor sich selbst fliehen, sich dessen entledigen, was man ist, sowie vom Gewicht dieses Leids". Mit diesem „Sprung außerhalb von sich" verweist Henry (1994, 295) auf das Kerngeschehen der Dissoziation. Traumaüberlebende sehen sich „von außen". Selbst leichte, ganz alltägliche Dissoziationserlebnisse vermitteln ein „Neben-sich-Stehen", ein „Nicht-bei-sich-Sein", sich dessen entledigen zu wollen, was man ist, offenbart die „Fließrichtung" der Lebensselbstverneinung. Wieder verdeutlicht die chronische Traumatisierung am klarsten, was sich hier bis in die Alltagssituation hinein vollzieht, da durch die sich wiederholenden Mißhandlungen auch das Schutz- und Bewältigungsverhalten ritualisiert wird. Im Moment der Dissoziation „gehen die Betroffenen weg". Leben spaltet sich auf, „geht weg" von Selbstbejahung und „weg" von Empfindung, soweit es dies vermag.

Das auf Selbststeigerung in der Bejahung ausgerichtete Leben
— geht in das Tapetenmuster der Zimmerwände, in den Schein der Lampe, in das Blau des Himmels und verfällt dort in einen tiefen Schlaf (Erstarrung). Betroffene haben das Erleben von „inneren Toten", von einer „Puppe", oder sogar die Befürchtung, „entkernt" zu sein. Doch der Kern schläft – und kann wiedererwachen.
— ruft „Beschützer" hervor, die den Schmerz von sich fern halten und sich Mut und Zuversicht bewahren.

Das die „Umkehr" in die Selbstverneinung vollziehende Leben

– schützt sich davor, das nun folgende „Diktat" der Selbstverneinung gänzlich mitvollziehen zu müssen, indem es sich jeglicher Empfindung entzieht. Es „entstehen" rein sachliche „Beobachter" aller folgenden Ereignisse.

– bewahrt den Schmerz, die Umkehr zum Preis des Selbstwerterlebens vollzogen haben zu müssen, in den inneren „Opfern".

– baut in den inneren „Tätern" ein neues Selbstwerterleben auf, das sich nun aber auf der Basis der Lebensselbstverneinung begründet.

Die Alltagsperson, die nach all den Abspaltungen ihrer Lebendigkeit „übrigbleibt", kennt ihre inneren Anteile nicht. Sie fühlt sich sich selbst gegenüber entfremdet, nicht im Kontakt mit sich, schal, abgeschnitten – sie erlebt Distanz zu sich. Da ist sie, die Distanz, die die Überlebenden so quälend wahrnehmen.

Im Trauma ist der Sprung aus sich hinaus der Sprung in die Amnesie. Die bedrohlichen Bereiche, in die der Lebensstrom im Zuge seiner erzwungenen Selbstverneinung flieht, stellen eine enorme Zumutung für das Integrationsvermögen dar. Die traumatische Persönlichkeit kann sich in der Widersprüchlichkeit und Bodenlosigkeit des Erlebens nicht halten; kann die zu den Erlebnissen gehörenden Empfinden nicht in sich vereinen und blendet sie daher aus ihrem Bewußtsein gänzlich und verläßlich durch amnestische Mauern aus. In milderer Form geschieht diese Ausblendung auch im Alltag permanent. Was hier nicht der Amnesie übergeben wird, erfährt zumindest eine innere Abwendung. Bewirken auch Amnesie und Abwendung in der unmittelbaren Situation lebensrettenden oder auch „nur" momentan angemessenen Schutz vor dem Unaushaltbaren, so bringen sie doch keine eigentliche Lösung der Situation mit sich. Situationsübergreifend bilden sie Anlaß zu neuer Beeinträchtigung und neuem Leid.

Mit der „Flucht in die Außenheit" wird durch die Dissoziative Identitätsstörung eine Absurdität oder auch eine Unausweichlichkeit deutlich. Dort, wo der Impuls, die Innerlichkeit zu verlassen, um ihr in der Außenheit zu entkommen, am intensivsten ist – dort nimmt die Außenheit die Gestalt der Innerlichkeit an. Ein bewährter Grundsatz aus der Traumaarbeit ist *be shallow*, was so viel bedeutet wie „sei flach" (Huber 1996, 231) – eine Aussage, die zunächst äußerst befremdend wirken kann. Weshalb dieser Rat? Weil der dissoziierte Mensch sein Innerstes an der Oberfläche trägt, und zwar durch die Resonanzbereitschaft seiner Abspaltungen. Das Umfeld der Individualität verwandelt sich durch die vielen unbewußten (und bewußten) Assoziationsbrücken zum Traumamaterial in ein „Minenfeld", indem es kontinuierlich das im Schoß der Amnesie verborgene Traumamaterial in Resonanz versetzt. Innen und Außen durchdringen sich wechselseitig, Das „Außen" ist zum „Innen" geworden. Wieder wird im Extrembereich der Traumatisierung nur besonders deutlich, was im Phänomen der Projektion den Alltag durchzieht. Das Außen erscheint mir im Modus einer Wahrnehmung, vor der ich im Inneren fliehe – versuche zu fliehen, bis mir die Wahrnehmung aus dem Außen wieder entgegenkommt: „Die Flucht bleibt in ihrem eigenen Pathos gefangen, nämlich in der Unzufriedenheit, aus der sie hervorgeht. Anstatt sich von dem loszumachen, wovor sie fliehen will, und es auf dem Weg zurückzulassen, trägt die Flucht die Unzufriedenheit mit sich und bringt sie bei jedem Schritt wieder hervor. Der letzte Ausweg, das Leid zu zerstören [...], Selbstflucht und Selbstzerstörung, erreichen nicht ihr Ziel." (Henry 1994, 295)

Das Weggehen des Lebens von sich selbst kann nicht gelingen. Das Leben, das mit aller Macht von sich selbst loskommen will, das bereit ist, Selbstflucht und Selbstzerstörung zu verwirklichen, um der Er-lösung willen, bleibt in sich gefangen.

6. Leben – im Abgrund

M. Henry führt seine Analyse mit aller Radikalität und Klarheit bis auf den Grund. Das Ziel der Er-lösung aus dem Druck der Selbstverneinung kann weder durch Flucht noch durch Zerstörung erreicht werden. Das Leben kann sich nicht „loswerden". Der Versuch, die Situation an dieser Stelle durch Suizid zu entspannen, liegt sehr nah. Aber die lebensphänomenologische Analyse läßt auch das Leben in dieser Verzweiflung nicht „los" – sie weiß, daß sie das nicht kann, und bleibt sich selbst dadurch bis in die letzte Konsequenz treu. In dieser Geste einer im Tiefstpunkt durchgehaltenen Hinwendung zum Leben durch all sein äußeres Erscheinen hindurch scheint im Abgrund selbst eine Transparenz auf, die den Blick auf die *Wesenswahrheit des Lebens* freigibt: „Die Barbarei zeigt sich damit als das, was sie ist: die Aufrechterhaltung des Lebens inmitten seines Vorhabens, vor sich zu fliehen und sich zu zerstören." (Henry 1994, 296)

Da ist sie, die Ungeheuerlichkeit, die so schwer an einen selbst heranzulassen ist. Der Durchgang durch den Nullpunkt, durch das Nadelöhr der Ohnmacht und der Verzweiflung. Die Lebensselbstverneinung, die Selbstflucht und Selbstzerstörung intendiert und nicht vollbringen kann, offenbart sich in ihrem tiefsten Wesen als Lebensselbsterhaltung. Muß noch hinzugefügt werden, daß sie damit die tiefgründigste und verläßlichste Weise des Lebens darstellt, sich zu schützen? Sie wird wirksam, wenn alles andere wegbricht.

An dieser Stelle löst sich die scheinbare Diskrepanz, sich im Leben, das niemals eine Distanz zu sich haben kann, von sich selbst abgeschnitten und weit entfernt zu fühlen. Ich bin in jedem Augenblick voll in meinem Leben, ganz unabhängig davon, wie entfremdet ich mir bin. Aber dieses Erleben ist mir durch das feindliche Klima der Selbstverneinung nicht zugänglich. Ich erkenne mein Leben in seiner gegen mich sich bewegenden Selbstoffenbarung nicht mehr als mir zugehörig. Damit weise ich es von mir – oder versuche es zumindest. Ich kann aber das Entfremdungserleben nicht als einen „Feind" ablegen wollen, um dann mit dem „Eigentlichen", der Nähe zu mir selbst, in Kontakt zu kommen. In meiner Entfremdung von mir ist meine Lebensselbsterhaltung verborgen. Damit ist in der Entfremdung Leben von mir gebunden, das erkannt, wohlwollend und dankbar wahrgenommen und dadurch geboren werden möchte. Mein Leben ist in Vor-stellungen, das heißt in Konstrukten und Interpretationen, von mir über mich gebunden, die die Intensität meines Seinsbezugs beeinträchtigen. Niemals kann ich mein, in dieser Weise gebundenes Leben als „Feind" überwinden. *Wer die Ablehnung ablehnt, um zur Annahme zu kommen, wird in ihr gefangen bleiben, da auch sie sein Leben ist, das sich nicht von ihm trennt.* Das traumatische Erleben birgt also in seinem Kerngeschehen die Möglichkeit, mit der „unverbrüchlichen Unversehrtheit" des Lebens in Berührung zu kommen.

Das Wesen der traumatischen Situation, in der das Leben sich in Lebensselbstverneinung erhält, konfrontiert mit der Unabänderlichkeit, Gefühle aller Färbungen offen anzuerkennen, indem es zeigt, daß es kein Entkommen von ihnen geben kann. Darin steckt eine große Zumutung. Wer ein Stück auf diesem Weg gegangen ist, wird eine Ahnung davon erhalten können, was es für Traumaüberlebende bedeutet, ihre starken ambivalenten Gefühle aller Nuancierungen in ein umfassendes Ich-Erleben zu integrieren – und was für eine Kostbarkeit entsteht, wenn es gelingt.

... mit den Blicken die kalte Ferne zerteilend,
such ich meinen Weg – immer auf dem Zuge ins Unbekannte
mitten ins Herz hinein – dem unbekannten Gebiet des neuesten
Abends.
Und ich bin lange am Wandern ...

Ernst Barlach, Zukunft

III. Psychotherapie – ein Heldengesang

1. Wahrnehmen der Ausgangssituation

In den vorangegangenen Betrachtungen der inneren Bewegung des Lebens in seiner Selbstverneinung wurde versucht, Schritt für Schritt die Zumutungen, durch die das Leben sich in der Traumatisierung hindurcharbeiten muß, nachzuvollziehen. Es wurde versucht zu verdeutlichen, in welcher Weise die Erschütterung von Vertrauen und Sicherheit Not auslöst, die sich im weiteren Verlauf ihrer inneren Entwicklung noch ständig steigert. Nach dem Empfinden der Betroffenen hat sich ihr Leben gegen sie gerichtet. Die Emotionalität hat sich zurückgezogen, soweit sie es vermag. Im Extremfall ist die Resonanz auf traumagebundene Auslösefaktoren das einzige Gefühlsleben, das noch Eingang in das Erleben der Betroffenen findet. Dies bedeutet, daß sich Ohnmacht, Haß, Verzweiflung und Resignation in einer Leere auswüten.

Emotionale Taubheit als zentrale Folge des traumatischen Geschehens mußte sich einstellen, weil das Empfinden die Abwesenheit von Selbstbejahung nicht erträgt. Die übermächtigen Gefühle der Lebensselbstverneinung hätten die traumatisierte Persönlichkeit mit großer Sicherheit in den Tod getrieben, wenn nicht die emotionale Taubheit sich schützend über die innere Wüste gebreitet hätte. Und nun erhält die emotionale Taubheit sich aufrecht. Wärme und Zuwendung von außen lassen sie nicht mehr hindurch, denn sie könnten eine der längst bekannten Fallen nach sich ziehen. Für das Beziehungsgeschehen bedeutet dies „Flucht", sobald es anfangen könnte, wirklich zu berühren. Von außen darf keine Wärme mehr hinein, und innen ist es eiskalt. Da gibt es nicht mehr die Möglichkeit, von irgendwoher aus sich selbst heraus Würdigung, Sicherheit und Ruhe zu beziehen. Im Zuge der Selbstverneinung haben sich diese Qualitäten weit in das Innere der Person zurückgezogen. Dort sind sie unerreichbar, solange das Klima der Selbstverneinung dominiert, und zwar aus dem tief „unbewußt" immer wirksamen Lebenswissen heraus, daß jede selbstannehmende Regung, die sich von innen her an die Oberfläche des Bewußtseins wagte, sofort von der Selbstverneinung zunichte gemacht würde. Überlebende chronischer Traumatisierung haben die Überzeugung, „durch und durch schlecht zu sein", um dies auch von allem Anfang an gewesen zu sein. Das Klima der Selbstverneinung bleibt dominant – und im Zuge des Selbststeigerungsbegehrens des Lebens nicht nur dominant, sondern es weitet sich noch ständig aus. Dies ist eine schlimme Falle, denn die Einsamkeit in wachsender Selbstablehnung, die sich dadurch für die Betroffenen ergibt, ist immens.

Zur inneren Katastrophe gesellt sich die äußere. Durch aufgezwungenes Ohnmachtserleben in daran gekoppelter Lebensbedrohung mußten die Betroffenen ihre Wahrnehmung für das sie umgebende Umfeld extrem verfeinern. Es war wichtig, die Stimmung des Umfelds so verläßlich wie möglich zu erfassen, um sich auf das zu erwartende Grauen zumindest einstellen und vorbereiten zu können. Die non-verbale Kommunikation spielt dabei eine besonders wichtige Rolle. So werden Überlebende ritueller Gewalt zu Meistern der Wahrnehmung non-verbaler Signale, und sie sind „geeicht" auf das rechtzeitige Bemerken übergriffigen Verhaltens, welches individuellen Freiraum übergeht. Im Alltag können sie diese in der Not gelernte Fähigkeit nicht einfach „ablegen" – und warum sollten sie es auch, da es doch notwendig ist, in jedem Moment auf alles gefaßt zu sein, denn das Schlimmste ist schließlich schon einmal geschehen. Alltagsstrukturen sind voll von mehr oder weniger offensichtlichem Machtmißbrauch. Traumaüberlebende nehmen dies unbeirrbar wahr. Da das alltägliche Umfeld in aller Regel nicht gewillt ist, sich diesbezüglich in Frage zu stellen, wird die unbequeme Wahrnehmung der Überlebenden angefeindet und pathologisiert. Ein Aspekt der „Opferbeschuldigung".

Wenn schon aus dem Schutzverhalten der Überlebenden heraus von außen keine Wärme mehr nach innen kommen darf, so addiert sich dazu noch der Rückzug des Wärmeangebots aus dem Umfeld. Die Isolation steigert sich. Berührung und Nähe finden nicht mehr statt – nicht innen und nicht außen: „In der Sinnlichkeit hält sich alles als Eines, als in der Einheit erfaßt, und somit im Bezug zum übrigen Seienden. [...] In einem Äußerlichkeits- oder reinem Raumverhältnis, das nur von einer Außenheit des Raumes gebildet wäre, haben die Dinge keinen Bezug zueinander, das heißt, sie sind weder nah noch fern. [...] Das Bild von Milliarden Lichtjahren wäre eine sehr schwache Vorstellung, oder besser gesagt vollkommen unangemessen, um eine Idee von der grenzenlosen, unendlichen Distanz zu vermitteln, die beide voneinander für immer trennen würde." (Henry 1994, 124 ff.) Ein eindrückliches Bild für die Einsamkeit und Isolation, welche die Betroffenen in einem Zustand innerer Leere aushalten. Nähe entsteht durch Empfindung. Nicht nur zwischenmenschliche Nähe, sondern auch jede Nähe zu anderem Seienden. Ist Empfindung durch ihre Bedrohlichkeit nicht aushaltbar, ist nichts. Der Bezug zu allem verschwindet, wird belanglos, austauschbar. Es wird „gleich-gültig". Die Sinnlichkeit hat durch die aus ihr entfesselte Bedrohung die emotionale Taubheit an ihre Stelle gerufen. Der Bezug zum übrigen Seienden ist den Überlebenden nicht mehr erfahrbar. Der Bezug zu sich selbst ist ihnen in der Lebensselbstverneinung auf bedrohliche Weise entfremdet.

2. Grund statt Halt – Ansprache im Unversehrten

Ausgesetzt in der beschriebenen inneren Landschaft suchen Betroffene psychotherapeutische Unterstützung. Dem die inneren Zumutungen miterlebenden Empfinden mag die Lage desolat erscheinen. Und dennoch war und ist es gerade die Traumatherapie, die sich mit als erstes psychotherapeutisches Verfahren ganz eindeutig zu einem „lösungs- und ressourcen-orientierten Arbeiten" positioniert hat, welches sich im Zuge neuer Blickrichtungen wie *Salutogenese* oder *Resilenzforschung* aktuell mehr und mehr Raum verschafft. Traumatherapie arbeitet nach einem „Konzept, das auch einer schwer verletzten Patientin sämtliche Selbstheilungskräfte unterstellt, [und geht davon aus], daß alle Selbstheilungskräfte in jedem Menschen vorhanden sind und nur der [therapeutischen] Anregung und Unterstützung bedürfen. Sie vertritt die therapeutische Haltung, daß Psychotherapie nur Hilfe zur Selbsthilfe bedeutet" (Sachsse 1997, 122). „Ich habe es zu oft beobachten können, daß Menschen, auch und gerade solche, die sehr verstört waren, in sich über Wissen und Weisheit verfügen, die weit über das hinausgehen, was das bewußte Ich weiß. [...] Heute denke ich, daß es in jedem von uns so etwas wie einen Schamanen oder eine innere Weisheit gibt." (Reddemann 2001, 10 ff.)

Gerade die Traumatherapie konnte nicht die beeindruckende Weisheit übersehen, die sich in den Traumafolgen zum Ausdruck bringt. Gerade in diesem Extremerfahrungsbereich verbirgt sich ein Grundphänomen des Lebens, das seine Wesenhaftigkeit vielleicht sogar auf die klarste und überzeugendste

Weise in extremster Bedrohung zu offenbaren vermag. Doch den Betroffenen ist diese in ihnen wirksame Weisheit nicht unmittelbar erfahrbar. Nach einer chronischen Traumatisierung steht in den Überlebenden das äußerste Vermögen des Lebens, sich selbst zu beschützen, seinem äußersten Vermögen, sich selbst vernichten zu wollen, unversöhnt gegenüber. Diese Unvereinbarkeit schlägt einen tiefen Abgrund in die Persönlichkeit hinein. In diesem Abgrund verschwindet das Unaushaltbare in einer tiefen Kluft, die fortan den Menschen vom Erleben seiner Lebendigkeit trennt. Wie positioniert sich das therapeutische Geschehen zu dieser Konstellation?

Die lebensphänomenologische Erkenntnis der noch – und gerade – in der äußersten Selbstverneinung verborgenen Lebensselbsterhaltung bildet die Basis für die Ansprache der Überlebenden. *Eine Ansprache, die sich eindeutig und unmißverständlich an ihre Fähigkeit wendet, im Sog der Selbstverneinung ihr bloßes, nacktes Leben bewahrt haben zu können.* Niemand als sie selbst hat ihnen dabei geholfen. Nur auf sich selbst konnten sie sich verlassen. Bis in die gegenwärtige Sekunde der therapeutischen Begegnung hinein haben sie widerstehen können, ihr Leben aus der Verzweiflung heraus frühzeitig zu beenden. In diesem Vermögen steckt etwas, was größer ist und weiter gereicht hat als alle Verzweiflung. Und jetzt besteht die Möglichkeit, sich diesem Geheimnis anzunähern und sich nach und nach damit vertraut zu machen, was darin verborgen ist. Nur im langsamen Vertrauen auf das Eigene können Überlebende mit ihrer Lebensselbstbejahung wieder in Kontakt kommen, ihren *Grund* in sich finden, und nach und nach diese fremde Sprache verstehen lernen, mit der ihre Lebendigkeit im phänomenologischen Sinne sich ihnen mitteilt. Im „Grund" verschwindet der „Abgrund" – und nur im „Abgrund" kann der „Grund" erscheinen.

Die Existenzanalyse unterscheidet klar zwischen „Grund in mir" und „Halt in der Welt". Die *Welt* hat Überlebende so umfassend im Stich gelassen, überwältigt und/oder verraten, daß sie ihre schwerste und tiefste Lebenserfahrung verleugnen müßten, wenn sie sich auf eine Anbindung an „Welt" wieder einließen, ohne zuvor verläßlichen Grund in sich selbst gefunden zu haben. Was aber ist verläßlicher als ein Grund, den ich auch in der extremsten Bedrohung nicht „loswerden" kann, da er „unverbrüchlich", „unversehrbar" ist? Bei allem Grauen, das die Überlebenden ertragen und in sich aufnehmen mußten, haben sie dennoch auch etwas von jener „Unverbrüchlichkeit" erlebt, daß ich nämlich „in jeder ‚Schwäche' diesen Grund umso mehr berühre. Auf dem Höhepunkt der Verzweiflung, der Angst, der Schuld tauche ich durch diese in den Grund hinab, der sich als unendliches Leben für mich darbietet. [...] In der Nacht des Pathos stoße ich in jenen Abgrund vor [...], der mir zum Grund wird" (Kühn 1994, 76).

Sobald Überlebende Zugang zu ihrem eigenen Vermögen bekommen, überlebt haben zu können, beginnt die innere Bewegung ihres Lebens wieder für sie zu fließen. Lebensselbstverneinung kann sich langsam in Lebensselbstbejahung wieder verwandeln. Aus dieser grundlegenden Bewegungsänderung kann – prozeßhaft und in kleinen Schriften – ein echtes Erleben von innerer Ruhe, Selbstvertrauen und Sicherheit erwachsen. Es ist ein „Wachsen" im tiefsten Sinne des Wortes, da sich in den Betroffenen ein inneres „dialogisches Erleben" wieder einstellt. Sie bekommen „innere Antworten" auf ihr Bemühen, an dem Geschehenen verwandelnd zu arbeiten.

Die Reise zum authentischen Erleben selbstannehmender Empfindungen ist ein höchst persönliches Unternehmen, eine Suche mit vielen Klippen und Hindernissen, die am Anfang aussichtslos erscheinen mag. Die Annahme aller Hindernisse, in dem Glauben daran, daß der „Grund" im Anderen immer, auch unter allem Verhindernden, gegeben und erreichbar ist, setzt eine eindeutige Verankerung der therapeutischen BegleiterInnen in deren eigenem Lebensgrund voraus. Dann kann jedes Hindernis eine willkommene „Spur" bilden, um Hinweise auf Verletzungen zu vermitteln, die mithelfen werden, das Geschehene verstehen und verarbeiten zu können. Da die Selbstverneinung eine Modalität des Lebens selbst ist, kann sie in ihrem ihr zugehörigen Steigerungsbegehren eine Intensität erlangen, die eine phänomenologische *Absolutheit* darstellt. Das hat große Bedeutung. Das „Nein" zu sich selbst ist dann im therapeuti-

schen Sinne *hermetisch*; es ist zu einer neuen Gewißheit geworden und kann seine „Richtung" nur durch ein Wahrgenom-
menwerden in seinem tiefsten Wesen verändern. Überlebende,
die diese „hermetische Selbstverneinung" in sich vorfinden,
gelten üblicherweise als „nicht therapierbar" oder „therapieresi-
stent". Ein vertieftes Verständnis kann hierbei neue Wege öffnen. Der mühsame Prozeß der Betroffenen darf nicht „verkürzt" werden wollen. Dieser manipulative Versuch würde
blockieren und neue Verletzungen hervorrufen, denn „es geht
um die radikale Besinnung, ob Therapie jemals mehr wissen
kann als das, was das Leben immer schon von sich selbst, in
sich selbst weiß" (Kühn 1994, 25). Das therapeutische Selbstverständnis braucht eine eindeutige Ausrichtung auf die stets –
und unter allen Umständen – immer ansprechbare und erreich-
bare unversehrte Lebendigkeit des Gegenübers: „Das Leben ist
das, was immer heil ist, stets unversehrt, weil nichts Fremdes in
es eintreten kann." (Ebd. 76) In dieser Haltung kann ich dem
Anderen in seinem „Bei-sich" begegnen. „Bei sich" können
Überlebende wieder Zugang zu ihrer reinen Lebendigkeit finden.

Die Traumaarbeit hat für diese Phase des therapeutischen
Prozesses Begriffe geprägt wie *Stabilisierung* und *Einrichten eines
sicheren inneren Ortes*. In den vorangehenden Ausführungen wurde versucht zu verdeutlichen, in welcher Intimität und Tiefe
sich das Geschehen bewegt. Einem anderen Menschen in dieser
Suche zu begegnen, braucht einen Raum aufrichtiger Wertschätzung und Anerkennung. Authentische Würdigung schafft
ein Klima der Mitmenschlichkeit, in dem Nähe und Autonomie
nebeneinander bestehen können. Die Beheimatung in Ruhe,
Selbstvertrauen und Sicherheit – und diese sind unumgänglich,
um das quälende Distanzerleben anfänglich zu lockern, und
unumgänglich, um in einer sich anschließenden Therapiephase
das traumatische Geschehen selbst bearbeiten zu können. Kann
ein verläßlicher Zugang zum eigenen Werterleben nicht in aus-
reichendem Maße gefunden werden (nach chronischer Traumatisierung nimmt diese Arbeit in der Regel mehrere Jahre ein), so

ist auch eine weitere Bearbeitung der traumatischen Inhalte nicht möglich, da das Unaushaltbare dann noch nicht in einem Klima der Selbstakzeptanz aufgefangen zu werden vermag und eine Retraumatisierung bewirken würde.

3. „Epoché" – die Einklammerung

Der beschriebene Vorgang des Ansprechens des Anderen in seiner unversehrbaren – weil absoluten – Lebendigkeit ist eine vollzogene *Epoché* oder Einklammerung im lebensphänomenologischen Sinne. Die Einklammerung ist hier eine Gegen-Reduktion (Henry 2005, 19 f. u. 94 f.). „Eingeklammert" wird jegliches welthaftes oder vorstellungsmäßiges Konstrukt, das ein beliebiges Phänomen von seinem Entstehungsursprung trennt, bzw. letzteren im Unklaren läßt, um in solcher „Reduktion" zu der ursprünglich lebendigen „Konstitution" des Phänomens zu gelangen. Zur ursprünglichen Gegebenheit des „Phänomens" Leben gehört seine Selbsterhaltung, die auch noch in seinem Selbstzerstörungsimpuls unabwendbar wirksam bleibt, wie im Vorhergehenden dargestellt wurde. Überlebende in ihrem Vermögen des Überlebens als solchem anzusprechen, klammert negative Meinungen hinsichtlich ihres Selbstbildes ein und geht auf die – in der Selbstverneinung wirksame – Lebenserhaltung zurück. Wird diese Bewegung mitvollzogen, geschieht unmittelbar eine Berührung mit der eigenen phänomenologischen Lebendigkeit im ursprünglichen Sinne der Lebenserhaltung in ihrer direkten Bejahung. Zumeist geschieht dieses Mitvollziehen, und zwar nach einer anfänglichen Verwunderung über die unvermutet neue Blickrichtung, ganz selbstverständlich, so als hätte das Leben dies schon immer gewußt und nur darauf gewartet, daß es einmal ausgesprochen werde.

Die Einklammerung regt an, auf die tiefste Ebene solcher Lebendigkeit, durch ihre Verneinung hindurch (in der sie für den an der Oberfläche des Erscheinenden haftenden Blick in die Unkenntlichkeit, ja in ihr Gegenstück oder ihren „Feind" verzerrt wurde), in die Ursprünglichkeit des „Phänomens Leben" hinabzutauchen, um dort dessen Ankünftigwerden in sich selbst mitzuerleben. Dies kann nur in vielen kleinen Schritten geschehen. Auch wenn der Weg dorthin auf ganz intuitive Weise spontan mitvollzogen wird, ist er dennoch aus sich allein heraus zunächst nicht aufzufinden. Überlebende brauchen die therapeutische Unterstützung, um ihren Bezug zu sich selbst klären zu können, damit sie aus dieser Klärung heraus ihre große Kraft wieder als ihnen zugewandt zu erleben vermögen. Dann kann sich nach und nach aus dem Überleben das „erneuerte" Lebendigsein herausbilden. Aber es braucht Geduld, Mut und Kraft. Es ist schwer, durch die Verneinung „hindurch zu tauchen", weil es ganz und gar unmöglich ist, durch sie hindurch zu kommen, ohne den Kontakt mit ihr zu erleben. Und es ist mit *einem* Kontakt nicht getan: In vielen schweren Anläufen muß die in der Selbstverneinung gebundene Lebenskraft „umgewendet" werden, aus Scham, Angst und Haß heraus befreit werden, das heißt in einem anstrengenden und schmerzhaften Prozeß, der Betroffene wie TherapeutInnen oft an ihre Grenzen bringt.

In der Terminologie der Lebensphänomenologie wird jede *selbsterprobte* „Durchquerung" den Seinsbezug intensivieren und wechselwirkend zu weiteren schwereren Durchquerungen befähigen. Auf diese Weise kann es gelingen, sich im Traumamaterial voranzuarbeiten. Das Schwerste liegt „zuunterst", ist am sichersten geschützt und wird erst zugänglich werden, wenn die Befähigung dazu gewachsen ist. Immer wieder gibt der therapeutische Prozeß Anlaß zu Dankbarkeit gegenüber der inneren Weisheit der Betroffenen, deren Unterstützung der inneren Arbeit eigentlich deren Ermöglichung bedeutet.

Die lebensphänomenologische Methode der Einklammerung ist so eine wertvolle Hilfe im therapeutischen Prozeß. Sie ermöglicht nicht nur die angemessene Ansprache der Überlebenden vom ersten Moment des Kennenlernens an; sie begleitet auch weiterhin durch den gesamten Therapieprozeß mit der Möglichkeit „aufzuräumen": Mitgetragene Vorstellungen und Konstrukte, die das Wesen des Menschen entstellen und verzerren, können nach und nach durch ein In-Kontakt-mit-sich-selbst-Kommen verabschiedet werden (Kühn/Stachura 2005, 21 ff. u. 67 ff.). Einklammerung lenkt den Blick und das Erleben in jeder Situation auf das ihr Wesentliche. Sie schält unter den Schichten abgelagerter Konstrukte und Deutungen die ursprüngliche Lebensgeste heraus und ermöglicht es den Betroffenen, sich als Ausführende(r) und UrheberIn dieser in jedem Fall weisheitsvollen Bewegung zu entdecken. Der therapeutische Prozeß wird zu einer Möglichkeit, etappenweise die Stationen einer höchst gefahrvollen und anstrengenden Reise kennenzulernen. Überlebende sind Heldin und Held ihrer Reise. Es ist ein „Und", da die Bedrohung in Betroffenen sowohl deren weibliche als auch männliche Fähigkeiten bis zum Grund herausfordert.

Denn der ganze Mensch schützt sich, und zwar mit allem, was ihm in seinen weiblichen und männlichen Anteilen zur Verfügung steht. Therapie kann dabei helfen, diese zu verstehen, um langsam zu einem angemessenen Selbstverständnis und Selbstbild zu finden. P. Levine schildert die Zeremonie der „Seelenrückführung" in schamanistischen Kulturen als „Heldenreise" der Betroffenen, die auf ihrer Reise den emotionalen Beistand des gesamten Stammes erfahren, um am Ende des Rituals als Helden gefeiert zu werden (1998, 65 ff.). Therapie könnte den Raum für eine solche Heldenwürdigung zur Verfügung stellen und damit eine „Feier des Lebens" sein, da sie „es letztlich mit dieser Geburtsstätte des Lebens in uns zu tun hat" (Kühn 1994, 114 f. u. 2004, 10).

Auf diese Weise entwirft sich der therapeutische Raum selbst in eine Dimension des Unsichtbaren hinein, in der er Gefäß für ein Kraft- und Wärmegeschehen sein kann. Kraft kann sich nur aus Lebensberührung entfalten. V. E. Frankl faßt diesen Zusammenhang so, indem er verdeutlicht, daß wir „nicht wollen wollen können". Wollen muß „geschehen". Es lebt jenseits der Machbarkeit. Es ist nur möglich, sich auf angemessene Weise in einen Raum zu begeben, in dem ein solches Geschehen sich zu ereignen vermag. Diesen Raum kann die Einklammerung eröffnen. Die in ihr lebendige Würdigung vollzieht die innerste Bewegung des Anderen mit. Im Mitvollziehen dieser intimsten Lebensbewegung weitet sich der mitmenschliche Begegnungsraum über seine verbalen Grenzen hinaus in ein eher musikalisches Miteinander. In ihm kann sich aus dem Wort die in ihm geborgene Erweiterung zum Gesang auf lautlose Weise vollziehen. Bienen kommunizieren durch einen gemeinsamen Tanz, in dem sie durch mitvollzogene Bewegung lebensnotwendige Botschaften übermitteln. Das hierin verborgene Lebenswissen reicht in die Kraft hinein, deren Herkunft nur in der Praxis des originären Leibes ruhen kann (Kühn/Stachura 2005, 102 ff.). In der Würdigung lebt ein Heldengesang, durch den sie in einem Wärmegeschehen Kraft einlädt und damit den Raum vorbereitet, soweit sie es vermag.

Ausblick

Das Mitvollziehen der Lebensbewegung in der Selbstverneinung könnte bewirken, sich von den ungeheuren Zumutungen, denen die Überlebenden ausgesetzt waren und sind, berühren zu lassen. Aus diesem Berührtsein können aufrichtige Anerkennung und Würdigung erwachsen. Überlebende sind Helden, die einen schweren Kampf gewonnen haben. Es wäre angemessen, ihnen einen Raum der Mitmenschlichkeit anzubieten, der frei von Übergriffigkeit ist, in dem sie mithin Anerkennung und Wärme in dem Maße in sich hereinlassen können, der ihnen zuträglich ist.

Viktor Frankl nennt Menschen in schweren Lebenssituationen „Pioniere am Sinnhorizont". Überlebende erkunden stellvertretend für uns alle den Abgrund der extremen Gewalterfahrung, denn Gewalt ist auch ein überpersönliches Thema. Es geht uns alle an. Wer es an sich heranzulassen vermag, kann von Überlebenden viel lernen. Es ist schwer, einen gewaltfreien Beziehungsraum anzubieten. Viel Machtmißbrauch und Ohnmacht durchziehen offen oder verdeckt zunehmend unseren Alltag als Hinweis auf noch zu bergende Lebensselbstverneinung. Im Phänomen der „Projektion", in dem die augenscheinliche Äußerlichkeit die Stellvertretung der Innerlichkeit übernimmt, veranschaulicht sich eindrücklich die Konstituierung des Außen durch Wirkkraft des Innen.

Wir konstituieren die Welt, die Welt konstituiert nicht uns. Darin liegt viel Verantwortung – und viel Möglichkeit: „Daß die

Zukunft und die entferntesten Dinge die Regel seien für alle gegenwärtigen Tage", wie Nietzsche sagte (zit. Levinas 1992, 217). Überlebende können uns dabei helfen, unsere Wahrnehmung zu verfeinern. Wer dies zuläßt, kann von ihnen lernen, in welchem Ausmaß Leben über die Fähigkeit verfügt, Gewalt zu integrieren und dadurch zu verwandeln. Ein aktuelles Thema höchster Brisanz. Wir könnten auch lernen, eigene Verletzungen tiefer zu verstehen und den Mut zu finden, sie zu verwandeln. Und wir könnten lernen, uns *freilassend* dem Leben zuzuwenden und uns darauf einzulassen.

Lebensphänomenologie und Erfahrbarer Atem

Ein Erlebnisbericht

HEIKE BRANDT-HEBERT

Lebensphänomenologie ist Phänomenologie des Atems.
Atem ist Urbewegung und daher unmittelbares Leben.
Atemlehre ist Lebenslehre und daher ist
Lebensphänomenologie Phänomenologie des Atems.

Wenn ich heute von der Lebensphänomenologie im Erfahrbaren Atem spreche, so muß ich auf die Logotherapie/Existenzanalyse zurückgehen, weil sich für mich die Lebensphänomenologie als eine konsequente logische Weiterentwicklung der Logotherapie/Existenzanalyse darstellt.

Mit der Ausbildung in Logotherapie/Existenzanalyse begann ich, nachdem ich sechs Jahre als Atemtherapeutin in eigener Praxis gearbeitet hatte. Zu dem Zeitpunkt hatte ich mich bereits seit ungefähr zehn Jahren mit dem Atem und der Körper-Seele-Geist-Einheit auseinandergesetzt und einige tiefe Erfahrungen gemacht. Was mir in meiner Praxis fehlte, war, die „richtigen" Fragen stellen zu können.

Im Atem, der lebenstragenden Funktion des Menschen, drücken sich seelische Befindlichkeiten aus, wie zum Beispiel Angst, Depression, Aggression, aber auch Geborgenheit, Ruhe, Vertrauen. Der Atem ist als Lebenskraft und als seelischer Ausdruck engstens mit Haltung, Bewegung und Tonus verbunden, und so ist jede eigene Bewegung immer auch Gebärde – häufig unwillkürlich. In der Atemkraft ist der Mensch verbunden mit der Welt, dem Du, und ganz mit sich selbst in seiner Körper-Seele-Geist-Einheit.

Die Atemtherapie beruht auf *Erfahrung*, welche Unvoreingenommenheit voraussetzt, also keine Vorstellung/keine Erwartungen besitzt. Es ist Erfahrung, die aus dem Er*leb*nis, also aus der *Empfindung* und *Wahrnehmung*, entstanden ist.

Die Atemtherapie ist eine Leibtherapie. In der Arbeit mit dem Erfahrbaren Atem sind wir auf dem Weg der *Leib-Bewußtwerdung*, hin zum Urrhythmus. Das Wort *Leib* hat sich entwickelt aus dem germanischen Wort für *Leben* (lib). Leib/Atem-Leib, der beseelte Körper, ist die innere Ermöglichung des Lebens, sich zu erfahren.

Im Üben eröffnet sich durch das Erfahren und Erkennen die Möglichkeit, sich mit den vom Innersten gestellten Aufgaben auseinanderzusetzen, das Festgehaltene und Aufgesetzte aufzugeben und damit an den Ursprung der eigenen Kräfte zu kommen und das Vertrauen in die tragende Kraft des Lebens wiederzugewinnen. Es ist nicht die intellektuelle Aufmerksamkeit, sondern eine Präsenz mit der inneren Bereitschaft zur Verwandlung und einem inneren Wachsein, durch das sich der Übende in seinem Leib erfährt und einen lebendigen Bezug zu seiner im steten Wandel befindlichen Umwelt bekommt.

Diese Erfahrung ist ein inneres Wissen und birgt *Möglichkeiten* in sich, wenn sie in den Alltag, das Leben, integriert wird. In der Auseinandersetzung kann die Erfahrung zur Kraft werden, welche den Menschen in seiner Substanz stärkt und ihn *wesentlicher* sein läßt. Es ist die Erfahrung des Könnens, des Lebens, die Selbsterprobung des Lebens.

In der pädagogisch-therapeutischen Vermittlung vermißte ich bei meinen Klienten das Umsetzen der *Erfahrungen* in die Praxis. Auf der Körperebene Empfundenes/Wahrgenommenes – hier ist der phänomenologische Ansatz: es wird als „wahr" angenommen, sonst hätte ich es nicht erspürt – findet seinen Niederschlag im Seelischen als Gefühl. Das *Bewußtwerden* soll aufmerksam machen für weitere *Möglichkeiten*. Auf der Geistesebene findet die Stellungnahme und damit die Umsetzung statt.

Ich verfügte über eigene Erfahrungen, die ich auch umsetzen konnte, vermochte aber, meiner Meinung nach, nicht adäquat zu vermitteln, wie Verwandlungen oder Veränderungen aus der Übungssituation heraus in den Alltag/das Leben zu integrieren sind, um insgesamt mehr Tiefe zu erreichen. Mit anderen Worten: ich suchte danach, *Möglichkeiten* aufzuzeigen.

Ich bin Atemtherapeutin und wollte nicht etwas Neues hinzufügen, sondern mir ist daran gelegen, mich zu entwickeln und zu verfeinern, was letztendlich seinen Niederschlag in meiner Arbeit findet. Sehr glücklich war ich, als ich herausfand, daß sowohl dem Erfahrbaren Atem als auch der Logotherapie/Existenzanalyse ein identisches Menschenbild zugrundeliegt und daß der nonverbale Erfahrbare Atem und die verbale Logotherapie/Existenzanalyse zwei Seiten *derselben* Medaille sind.

Wenn wir uns übend mit *Hingabe* und *Achtsamkeit* auf unser Atemgeschehen *einlassen,* können logotherapeutische Erkenntnisse zu *Erfahrungswissen* werden.

Verdeutlichen möchte ich das am Beispiel der
Grundmotivationen:
Über *Raumerfahrung,* *Ich bin und ich kann sein*
die Entwicklung eines *Empfindungsbewußtseins*
Ich lebe und ich mag leben *Das eigene Wertsein*
und hieraus die Abgrenzung des Eigenen vom anderen
Ich darf ich selbst sein *Das Recht auf Eigenständigkeit*
erwächst ein *Vertrauen in den tragenden Grund* – ein *Vertrauen ins Leben* – und das ermöglicht es uns, *adäquat* mit Veränderungen – *mit dem Leben* – umzugehen.

Durch die Logotherapie/Existenzanalyse habe ich also Worte gefunden für Erfahrungen, welche sich durch die erneute begriffliche Auseinandersetzung noch vertiefen konnten, so daß mehr Klarheit und damit mehr Bewußtheit entstanden ist. Ich verspüre mehr Kompetenz in meiner Arbeit.

Als weiteren, sehr wichtigen Schritt in meiner Entwicklung erfahre ich die Auseinandersetzung mit der *Lebensphänomenologie,* welche sich mir – wie schon erwähnt – als eine konsequente logische Weiterentwicklung der Logotherapie/Existenzanalyse darstellt.

Ich schreite also weiter auf meinem Weg mit dem Anspruch, nicht mehr lernen zu müssen, so wie man einen schwierigen Text lernt und hofft, ihn nicht zu vergessen, und schließlich „glaubt", es zu wissen, sondern ich will *wissen,* und zwar aus der Erfahrung und dem Erleben heraus – das Leben als Erkenntnisprozeß: mein *Leben* soll sich *steigern* im Erfahren und Erproben.

Einige Begriffe kannte ich bereits aus der Arbeit mit dem Erfahrbaren Atem, meiner Erfahrung mit dem Atem, und dennoch *vertiefen* sie sich. Vieles wird deutlicher er*lebt*.

Der wichtigste Satz im Erfahrbaren Atem ist der:
Wir lassen den Atem kommen
Wir lassen den Atem gehen
und warten darauf, daß er von selbst wiederkommt.

Es geht also um das Zulassen des *unbewußten* Atems und das Wahrnehmen seiner Aussage, indem wir in Hingabe und Achtsamkeit atmen, uns sammeln und empfinden, um uns auf diesem Wege unserer ganzheitlichen Leiblichkeit bewußt zu werden, *sein* zu können.

Um im Übenden das Vertrauen in den *gelassenen* Atem zu verstärken, verweise ich darauf, daß wir auch im Schlaf oder im Zustand der Bewußtlosigkeit atmen, und zwar ohne in den Rhythmus einzugreifen, so daß es also kein Risiko ist, den Ausatem wirklich gehen zu lassen und den Einatem wirklich geschehen zu lassen, ohne daß wir den Einatem holen. Das gipfelt dann in dem Satz: *Es atmet mich.* Lange habe ich diesen Satz so verstanden, daß das *Es* das Leben ist, das mein *Ich* mit Atem versorgt, und vor dem Hintergrund dieser meiner inneren Haltung muß ich es also auch so vermittelt haben. Die *kopernikanische Wende* kam mit dem Satz:

Tod *ist die Rückgabe des Lebens an sich selbst* – das Ich *an das* Mich.

Zur Verdeutlichung dieses Satzes (Kühn 2004, 124 f., 127 f.) möchte ich die Metapher, welche meine alte Lehrmeisterin Charlotte Selver für das Leben (*Tod* ist *Leben*) benutzte, anführen: Im Frühling steigen die Säfte aus dem Boden in die Äste und Zweige; Knospen und Blüten und Blätter entfalten sich, die Früchte im Sommer. Im Herbst ziehen sich die Säfte zurück, die Blätter färben sich und fallen auf den Boden, von dem sie nach einer Weile aufgesogen werden. Im nächsten Frühling steigen die Säfte wieder aus dem Boden in die Äste und Zweige ...

Zu Beginn einer Atemtherapie, und immer wieder – sowohl in Einzel- als auch in Gruppenstunden – wird das *Sich-Tragen-Lassen* geübt. Im *Stehen* spüren wir unsere Füße im Kontakt mit dem Boden, lassen uns ein auf die tragende Kraft des Bodens und lassen diese Kraft durch uns hindurch. *Sitzend* ermöglicht uns der Widerstand der Sitzhöcker gegen die Sitzfläche und der Füße gegen den Boden – das Sich-Einlassen auf Boden und Sitzfläche – überhaupt erst die Aufrichtung. Im *Liegen* lassen wir uns ein auf die tragende Kraft des Bodens, lassen unser Gewicht tragen vom Boden.

Wir erfahren also, daß *Es mich atmet* und daß *Es mich trägt.* Ich kann sagen: das Leben atmet sich und das Leben trägt sich. Die *Gewißheit des Lebens* ist der *tragende Grund.*

Atem ist Urbewegung und daher unmittelbares Leben.
Atemlehre ist Lebenslehre und daher ist
Lebensphänomenologie Phänomenologie des Atems.

Und dieses *Erfahrungswissen* drückt sich bei mir im *Vertrauen in den tragenden Grund des Lebens* aus. Es ist ein tiefes, *gefühltes Wissen,* welches ich *leben* kann, und es ist für mich sehr viel umfassender als zum Beispiel der *Glaube* an Gott – es geht weit darüber hinaus.

Das vermittelt sich natürlich auch in meiner Haltung in der *Therapie.* Nachdem mich eine von Neurodermitis und Rheuma geplagte Klientin gefragt hatte: „Was ist *Leben?* Ich kann es nicht spüren!", gab ich ihr „Gewißheit des Lebens" zu lesen. Sie hat sich dieses Kapitel photokopiert und viele Stellen darin markiert. Fragen zum Text haben wir besprochen. Besondere Schwierigkeiten bereitete ihr folgende Passage (ebd. 19):

„*Wenn jeder Augenblick gelebt werden muß, um zu sein, dann ist er*
ebenfalls die einzige Gewißheit. Und zwar keine Gewißheit, die
theoretisch erlernt und bewiesen werden muß, sondern eine Gewißheit,
die unmittelbar gefühlt wird. Das Gefühl, der Eindruck, die Emp-
findung
ist der Name für das unmittelbare Leben, das ich bin."

Insbesondere mit *Gefühl* kam sie nicht klar. Auf meine Ausführungen hin sagte sie des öfteren „Ich kann verstehen, was Sie sagen, ich kann es aber noch nicht fühlen, es ist noch nicht meines." Unter der Behandlung kam sie jedoch über Hingabe und Achtsamkeit an und für das Atemgeschehen ihrem Spüren, Wahrnehmen, Fühlen näher.

Heute stellt sich ihr diese Frage nicht mehr. Einmal kam sie zur Stunde und sagte „Das Leben meint es gut mit mir. Entscheidungen, die ich treffen wollte, wurden mir abgenommen." Sie führt ein Institut für Erwachsenenbildung, und ein nicht so willkommener Klient hatte die Zusammenarbeit aufgekündigt – es war das eingetreten, was sie eigentlich selbst beabsichtigte, wovor sie sich aber gescheut hatte. Bei einer anderen Gelegenheit erwähnte sie: „Ich fühle, daß ich etwas bewirken kann. Ich kann mein Leben, meine Arbeit gestalten."

Einmal hatte ich sie mit einem schwedischen Märchen bekannt gemacht (Lukas 1996, 136), das ich zum Schluß anführen möchte, um zu verdeutlichen, wie sie sich auf dem therapeutischen Weg mehr und mehr der *Gelassenheit* und zugleich dem *Vertrauen in die tragende Kraft des Lebens* annähert:

„Antworten auf die Frage des Buchfinks"
An einem schönen Sommertag um die Mittagszeit war große Stille am Waldrand. Die Vögel hatten ihre Köpfe unter die Flügel gesteckt, und alles ruhte. Da streckte der Buchfink sein Köpfchen hervor und fragte: „Was ist eigentlich das Leben?" Alle waren betroffen über diese schwierige Frage. Im großen Bogen flog der Buchfink über die weite Wiese und kehrte zu seinem Ast im Schatten des Baumes zurück.

Die Heckenrose entfaltete gerade ihre Knospe und schob behutsam ein Blatt ums andere heraus. Sie sprach: „Das Leben ist lauter Freude und Sonnenschein."

Drunten im Gras mühte sich eine Ameise mit einem Strohhalm, zehnmal länger als sie selbst, und sagte: „Das Leben ist nichts anderes als Mühsal und Arbeit." Geschäftig kam eine Biene von der honighaltigen Blume auf der Wiese zurück und meinte dazu: „Nein, das Leben ist ein Wechsel von Arbeit und Vergnügen." Da so weise geredet wurde, steckte auch der Maulwurf seinen Kopf aus der Erde und brummte: „Das Leben? Es ist ein Kampf im Dunkeln."

Nun hätte es fast Streit gegeben, wenn nicht ein feiner Regen eingesetzt hätte, der sagte: „Das Leben besteht aus Tränen, nichts als Tränen." Dann zog er weiter zum Meer. Dort brandeten die Wogen und warfen sich mit aller Gewalt gegen die Felsen und stöhnten: „Das Leben ist ein stets vergebliches Ringen nach Freiheit."

Hoch über ihnen zog majestätisch der Adler seine Kreise. Er frohlockte: „Das Leben, das Leben ist ein Streben nach oben." Nicht weit vom Ufer entfernt stand eine Weide. Sie hatte der Sturm schon zur Seite gebogen. Sie sagte: *Das Leben ist ein Sichneigen unter eine höhere Macht.* " Dann kam die Nacht. Mit lautlosen Flügeln glitt der Uhu über die Wiese dem Wald zu und krächzte: „Das Leben heißt: die Gelegenheiten nützen, wenn andere schlafen."

Und schließlich wurde es still in Wald und Wiese. Nach einer Weile kam ein junger Mann des Weges. Er setzte sich müde ins Gras, streckte alle viere von sich und meinte, erschöpft vom vielen Tanzen und Trinken: „Das Leben ist das ständige Suchen nach Glück und eine lange Kette von Enttäuschungen."

Auf einmal stand die Morgenröte in ihrer vollen Pracht auf und sprach: „Wie ich, die Morgenröte, der Beginn des neuen Tages bin, so ist das Leben der Anbruch der Ewigkeit."

Die Antwort der Weide: *„Das Leben ist ein Sichneigen unter eine höhere Macht",* empfand die Klientin auch als für sich stimmig. Die Therapie ist noch nicht abgeschlossen, aber mittlerweile kann sie sogar ihre *Krankheit als Ausdruck des Lebens* akzeptieren, sie *spürt sich!* Und sie *spürt das Leben!* Ihre Haltung der Krankheit gegenüber hat sich gewandelt und sie leidet nicht mehr so sehr. Diese *Haltungsänderung* geht tiefer, als es bei Frankl mit den „Einstellungswerten" gemeint ist. Sie hat erkannt, daß wir in der Polarität von Leid und Freude – zwei Seiten derselben Medaille – stehen, diese Polarität jedoch überwinden können, indem wir das Leben ergreifen.

III. Pädagogik, Kunst und Religion

Was kann die Pädagogik von der Lebensphänomenologie lernen?

KAROLA SAMIDE

1. Schule, eine Standortbestimmung

Schule führt vielfach zur Überforderung der in ihr arbeitenden Menschen. Große Klassen, schwierige Schüler, Lärm, ein hohes Stundenpensum im engen Zeitraster, Streß durch Schüler, Eltern, interne Schulvorgänge und schlechte Arbeitsbedingungen laugen viele aus. Durch fehlende Anerkennung der Lehrkräfte in Staat und Gesellschaft wächst die Berufsunzufriedenheit; erschreckend viele Pädagogen werden frühzeitig wegen Krankheit ganz oder teilweise dienstunfähig. In Hamburg zum Beispiel werden nur 1% der Lehrer mit dem regulären Pensionsalter verabschiedet; die anderen geben zum Teil viel früher auf. 40% scheiden mit psychiatrischen Gutachten vorzeitig aus dem Schuldienst.

Neben den oben genannten Bedingungen, auf die der einzelne Lehrer nur schwer Einfluß nehmen kann, gibt es in diesem Berufsstand aber auch eine Hilflosigkeit bei der Unterrichtsgestaltung und im Umgang mit Ärger und Streß. Nicht selten fehlen geeignete Handlungskompetenzen sowohl im Unterrichtsgeschehen selbst als auch in den daraus resultierenden pädagogischen Herausforderungen.

Die Beschäftigung mit der Lebensphänomenologie und Existenzanalyse/Logotherapie eröffnet Möglichkeiten, neue Handlungskompetenzen im Sinne einer personalen Pädagogik zu entwickeln und das authentische Lehren zu stärken.

2. Schule im lebensphänomenologischen Blickfeld

Hier soll der Versuch unternommen werden, den Lebens- und Lernraum Schule unter lebensphänomenologischen Gesichtspunkten in den Blick zu nehmen und aufzuzeigen, wie mehr Lebendigkeit und Lernfreude in den Schulen ermöglicht werden könnte.

Um es aber gleich vorweg zu sagen: Es geht hier *nicht* um die Entwicklung einer „lebensphänomenologischen Methode", die ein Widerspruch in sich selbst wäre! Leben „ist" nicht, es vollzieht sich immer im stetigen selbstaffektiven Werden. Die Lebendigkeit kann *niemals* im Unterricht methodisch erzwungen werden. Vielmehr geht es darum, Möglichkeiten aufzuzeigen, wie den belebenden Elementen, die jedes Unterrichtsthema bereithält, Raum zu ihrem Erscheinen gegeben werden kann. Der Lehrer – als ein Lebendiger – *ist* die „Methode", die er im Unterrichtsgeschehen stetig neu „erfindet", wenn er seine Pädagogik vom Leben her versteht, ohne daß er präzise Handlungsanweisungen bräuchte. Meiner Erfahrung nach ist es eine Illusion zu glauben, daß wirklich interessante Lernmomente didaktisch inszeniert werden könnten. Sie *ereignen* sich, wenn der Unterrichtsgegenstand die Schüler wirklich etwas angeht, und machen den Unterricht schlagartig lebendig.

Es sollte endlich Schluß sein mit einem stark didaktisch aufbereiteten Unterrichtsstoff, der „vorgekaut" den Schülern nur noch zum Schlucken serviert wird! Diese falsch verstandene „Zubereitungskunst" verhindert geradezu, das eigentlich Spannende zu entdecken. Den Schülern wird, wenn auch ungewollt und in bester Absicht, das Schönste genommen. Mit anderen Worten: Es geht um „didaktische Abrüstung", um ein „Nicht-Machen" vonseiten des Lehrers, damit ein lebendiger Unterricht möglich wird.

3. Was kann der Pädagoge von der Lebensphänomenologie lernen?

Nach dem Elternhaus ist die Schule der bedeutendste Lebensraum für die Schüler. Für die lebensphänomenologische Analyse gilt, daß sich „Leben" in jedem Augenblick als individuelles Leben selbst affiziert. Es kennt in seinem stetigen inneren Werden kein anderes Prinzip als sich selbst, verlebendigt alles (Kühn 2004). Infolgedessen muß auch alles vom Leben her verstanden werden. Für die pädagogische Arbeit hat dies entscheidende Konsequenzen.

Schulanfänger freuen sich auf die Schule; sie lernen gerne. Spätestens nach der 4. Klasse ist jedoch bei den meisten Schülern die ursprüngliche Lernfreude dahin. In der Oberschule wird der Schulalltag oftmals nur noch als grau empfunden. Warum? Viele Bildungspolitiker und Schulbürokraten haben den Blick für die Schulrealität seit Jahrzehnten verloren. Die staatliche Schule hat es bis heute (trotz Reformpädagogik) nicht wirklich geschafft, Räume zu schaffen, in denen Leben in seiner Vielfalt erscheinen darf und wertgeschätzt würde. Im Gegenteil: Durch einengende Vorstellungen, wie Schule zu sein hat, wird das schulische Leben erheblich erschwert. Die Sparmaßnahmen im Bildungsbereich wirken sich außerdem verheerend aus.

Schüler werden so größtenteils immer noch in Klassen bis zu 35 Schülern „beschult" und zur Passivität verurteilt, so daß es nicht wundert, daß ihre Lernfreude vielfach verkümmert und die innere Kündigung der Lehrer sich stetig erhöht. Der Pädagoge kann von der Lebensphänomenologie lernen, dem entgegenzuwirken. Es muß wieder ein Verlebendigen des Unterrichtsstoffes zugelassen werden, damit Bewegung in den Lehr- und Lernprozeß kommt, da ohne lebendige Beziehung weder gelehrt noch gelernt werden kann!

„Das Schaffen hat nur Wert, nicht das Geschaffene.
Was wird, das lebt! Gewordenes ist tot."
Meister Eckhart

4. Das ästhetische Potential
Wird Bildung wirklich ernst genommen, gerät der Lehrer an ihr ästhetisches Potential. Der Erkenntnis- und Lernforscher Gregory Bateson (1983) hat Ästhetik definiert: als Aufmerksamkeit für das Muster, das verbindet. Es ist das, was das ganze Geschehen schön sein läßt!

Um dem belebenden Potential im Unterricht auf die Spur zu kommen, muß folglich lebendig miteinander umgegangen und nicht mechanisch verfahren werden. Als ein für mich besonders abschreckendes Beispiel sei die systemtheoretische Didaktik der Lernkybernetiker E. König und H. Riedel (1979) erwähnt. Die Kybernetiker unternehmen den Versuch, kalkülisierende Methoden auf die geistige Arbeit anzuwenden, um diese so weit wie möglich zu objektivieren. Die daraus entwikkelte kybernetische Pädagogik ist folglich eine kalkülhafte, wissenschaftlich-axiologisch-technische Disziplin, die „Pädagogistik" genannt wird. Sie ist innerhalb der Gesamtpädagogik das kalkülisierende Gegenstück zur phänomenologisch-verstehenden, geisteswissenschaftlichen Pädagogik, die den Namen „Pädagosophie" trägt (Frank/Meder 1971, 22 f.).

Es ist sehr fraglich, ob das belebende Potential in einer systemorientierten Didaktik, die auf der kybernetischen Pädagogik fußt, zu entdecken ist. Da sich Leben ursprünglich im Empfinden offenbart, müssen meiner Auffassung nach das Empfinden und das daraus resultierende Gefühl im Mittelpunkt des Unterrichts stehen, nicht das Kalkül.

Es gilt, bei jedem Unterrichtsthema genau hinzuschauen, wo sich das Belebende zeigt; es als solches wahrzunehmen und wertzuschätzen. Nur so wird das Unterrichtsthema die Schüler angehen, um sich intrinsisch motiviert darin einzulassen. Auf diese Weise erübrigt sich die ganze Problematik der Lernunlust. Schüler sind prinzipiell lernfreudig, begeisterungsfähig und leicht zu motivieren; fragt sich „nur", welcher Lernhorizont eröffnet wird.

5. Aufgaben des Lehrers im Lehr- und Lernspiel-Unterricht

Der Lehrer muß von der Wahrhaftigkeit seines zu vermittelnden Unterrichtsgegenstandes durchdrungen sein. Er steht als Person für den Lernstoff ein, daß es sich lohnt, Mühen und Energien aufzuwenden, ihn zu bearbeiten und dafür die eigene Lebenszeit einzusetzen. Es ist vielleicht die wichtigste Lehrerkompetenz, sich selbst, den Unterrichtsgegenstand an sich und die Schüler liebend wertzuschätzen.

Entscheidend im eigentlichen Lernprozeß ist die Klarheit der Lehrerrolle, die ausschließlich aus seiner Lehrerpersönlichkeit erwächst. So wie sich ein guter Schauspieler vollständig in seine Rolle einbringt, ohne sie zu seiner Selbstdarstellung zu mißbrauchen, so sollte sich auch der Lehrer ganz in die Darbietung der Lehre als Unterricht geben. Indem er authentisch ganz und gar Lehrer ist, kann der Schüler im Lernprozeß ganz und gar Schüler sein.

Der Fächerkanon mit seinen vielen Themen ist dabei nicht mehr Zweck und Ziel, sondern bietet eine Gelegenheit für das erforschende Spiel während des Lernens; vergleichbar dem Leben, welches auch nichts Gegenständliches ist, sondern in seiner unendlichen Potentialität stetig alle Möglichkeiten bietet. Das Lernspiel kann daher alle erdenklichen Formen und Inhalte annehmen. Wichtig ist nur der forschende Charakter des Ganzen. Jeder Unterrichtsinhalt aus dem Fächerkanon kann so belebt werden. In all den Lehr- und Lern-Szenen geht es letztendlich „nur" darum, die Schüler ganz und gar aufmerksam zu machen für das, was die Dinge und Ereignisse so intensiv und lebendig sein läßt.

Mit anderen Worten: Es geht nicht um das immer noch praktizierte „eintrichternde" Lernmodell, sondern um eine Sensibilisierung für das, was am Unterrichtsstoff erfahrbar ist. Wird der Schüler von dem ergriffen, fließt das Wissen wie von selbst in ihn hinein, da er lernend erfährt. Es baut sich langsam ein Erfahrungswissen auf.

Ausschlaggebend ist, ob der Lehrer die Gabe besitzt, eine Lernatmosphäre zu schaffen, in der er die Haltung der Aufmerksamkeit fördert und das *„Fehlermachen"* als Quelle des Lernens kultiviert, gleichsam zur Kunstform erhebt.

Die Aufmerksamkeit entscheidet über das Aufleben des „Spielraums" Unterricht. Schüler benötigen diese Gabe des Lehrers, um sich mit ihm gemeinsam einzuschwingen, das lebendige Potential von Unterricht zu spüren und sich zu probieren. Dann wird Unterricht zur Selbsterprobung des Lebens schlechthin. Lehrer und Schüler ermöglichen als mitpathische Gemeinschaft die Verlebendigung des Unterrichts. Ist die Resonanz erreicht, kann sich der Lehrer zurückziehen. Die vornehmste Aufgabe des Lehrers ist es also, sich überflüssig zu machen. Der Lehrer überläßt dann seine Schüler sich selbst und ihrer Aufmerksamkeit für das verbindende Muster, ohne daß er sie verläßt. Jetzt kann der Lehrer neue Kraft schöpfen, indem er sich am Unterrichtsgeschehen erfreut oder es in pädagogischen

Sternstunden sogar genießt. Seine Aufgabe besteht dann nur noch darin, dem forschenden Geschehen Raum zu geben, damit eigene Experimente und Erfahrungen mit dem jeweiligen Stoff von den Schülern gemacht werden können.

Neben der Gabe, die Aufmerksamkeit für das verbindende Prinzip lebendiger Momente zu wecken, muß der Lehrer aber auch Liebe als Gespür für den Rhythmus und die Stimmigkeit des Unterrichtes entwickeln. Diese Fähigkeit ist nicht machbar; sie fällt dem Lehrer immer dann intuitiv zu, wenn er sich als Person vom Unterricht berühren lassen kann – vorausgesetzt, er ist ganz bei der Sache.

6. Die pädagogische Dimension der Physik bei Martin Wagenschein

Martin Wagenschein, ein großer Physikdidaktiker (1976), der mir immer Vorbild war, ging davon aus, daß der Lehrer die gelernte Physik „vergessen" müsse, um sie lehren zu können. Diese Einklammerung wäre in der Lebensphänomenologie mit der radikalen Epoché alles Nicht-Lebendigen vergleichbar. Er wollte über das „Vergessen des Gelernten" zurück an den faszinierenden Ursprung der Physik, wo die anfängliche Kraft erscheint, die das Staunen über das physikalische Phänomen ermöglicht.

Liest man seine Unterrichtsprotokolle, so sprühten diese Stunden buchstäblich vor Leben. Außer dem Stundenthema und einer anregenden Lernumgebung aus der Lebenswelt der Schüler wurde nichts von M. Wagenschein vorgegeben. Er konfrontierte seine Schüler mit einem physikalischen Phänomen. Sie sollten *angemutet* werden, das lebendige Potential des Phänomens mit allen Sinnen zu spüren. Gerade diese Phase der Anmutung war Wagenschein außerordentlich wichtig, geradezu heilig. In dieser Phase lag das Motivierende, das seinen Unterricht trug.

Erst nach ausgiebigem Betrachten, das eine Wertberührung allein möglich machte, sollten sich die Schüler dem Phänomen in ihrer eigenen Sprache nähern. Die Fachsprache lehnte Wagenschein in dieser Phase der Annäherung ab. Er wollte den Sprachfluß nicht unterbrechen, sondern die unmittelbare Kraft des sprachlichen Ausdrucks im Erkenntnisprozeß nutzbar machen. M. Wagenschein selbst hütete sich also, diesen kostbaren Prozeß vorschnell durch sein eigenes Fachwissen abzutöten. Er hielt sich deshalb zurück, bündelte gegebenenfalls das von den Schülern Erarbeitete, um sie in der Spannung der Aufmerksamkeit zu halten.

M. Wagenschein wollte seine Schüler physikalisch bilden, nicht ausbilden. Sein Unterricht hatte mit Achtsamkeit, Anmutung, Anwesenheit, Arbeit, Anstrengung und Ausdauer zu tun. Ihm ging es um lebendiges, *exemplarisches Lernen*. Nicht von ungefähr stehen auf seinem Bucheinband „Die pädagogische Dimension der Physik" folgende Zitate:

„Wer zur Quelle gehen kann, der gehe nicht zum Kruge."

Leonardo

„Studium ohne Hingabe schädigt das Gedächtnis."

Leonardo

„Wer nicht mehr staunen kann, der ist sozusagen tot und sein Auge erloschen."

Einstein

Diese Zitate kennzeichneten Wagenscheins pädagogische Haltung. Es ging ihm nicht um das Abarbeiten der Vorgaben eines übervollen Rahmenplans, der auf einem fragwürdigen Bildungskanon fußt, sondern um eine lebendige Physik, in der die Phänomene im Mittelpunkt stehen.

7. Achtung vor der Sinnfülle des Lebendigen
Neben der Gabe, die Aufmerksamkeit für die belebenden Momente im Unterricht zu wecken, und dem Gespür für die Stimmigkeit des Unterrichtsgeschehens ist der Lehrer verpflichtet, mit dem Schüler respektvoll umzugehen. Er muß das Wesen des Anderen achten, welches er nicht als dessen Inneres

selbst ergreifen kann, um das Geheimnis anzuerkennen, das jeder Mensch darstellt. Das, und nur das, ist der angemessene Umgang mit der Sinnfülle des Lebendigen schlechthin – und damit eine Haltung, die sich jedem Moment so zuwendet, daß er lehrreich sein kann.

Um mit dem Schüler respektvoll umgehen zu können, muß sich der Lehrer zunächst einmal selbst als ein Lebendiger begreifen, als ein Träger des kostbarsten Geheimnisses: Leben zu haben, Leben zu sein und nie aus dem Leben herausfallen zu können.

Hat der Lehrer gelernt, mit jenem Geheimnis zu leben, welches er sich selbst ist, dann lehrt er unweigerlich liebevoll und ermöglicht so das Geheimnis des Lehrens. Der Schüler lernt im Zusammenwirken mit dem Lehrer, aufmerksam, diskret und liebevoll zu sein, und er lernt, diese Gabe weiter zu geben. Somit ist der Grund und ist die Gabe der Lehrer-Schüler-Beziehung die Liebe, welche das Leben ist.

Im Idealfall lehrt der Lehrer somit neben den Grundkompetenzen (Lesen, Schreiben, Rechnen) die Wahrnehmung der Kostbarkeit des Lebens, der man sich anvertrauen kann, aber weder theoretisch lernen noch wissen muß – und er lehrt die Neugier und den Forschungstrieb für das Praktische und für das Geheimnisvolle des Lebens zu verfeinern, was zwangsläufig eine lebenslange Lernfreude zur Folge hat.

8. Humor in der Schule

Wenn Schüler gefragt werden, welche Charaktereigenschaft den guten Lehrer auszeichnet, so ist dies seit annähernd 35 Jahren sein wohlwollender Humor! Humor ist eine seelische Grundhaltung zum Leben; eine Fähigkeit, auch die Schattenseiten, Brüche und Widersprüchlichkeiten mit einer Art heiterer Gelassenheit zu betrachten.

Leben ist in seinem ständigen selbstaffektiven Werden die ganze Potentialität zwischen den beiden Polen Leid und Freude und strebt in seiner ungeteilten Fülle als Selbststeigerung stets zur Freude hin. Diese wächst uns also nicht von außen zu, sondern sie ist in uns.

Agiert der Lehrer aus seiner lebendigen Mitte heraus, so werden diese Freude und der daraus resultierende Humor zu einer nicht unerheblichen Unterrichtskompetenz. Er schützt vor Streß und zeitigt bessere Lernergebnisse, wie verschiedene Studien zeigen konnten. Die Gründe liegen auf der Hand: Humor steigert die Aufmerksamkeit, wirkt der Langeweile entgegen und nimmt den Schülern die Angst vor dem Versagen.

Hirnforscher können per Magnetresonanztomographie nachweisen, daß bei guter Laune der Hippocampus, der für das „Vernetzen" von neu Gelerntem zuständig ist, aktiviert wird. Bei Angst und Schrecken wird dagegen die Amygdala, der sogenannte Mandelkern, tätig, wodurch der Körper eingeengt und auf Kampf oder Flucht vorbereitet wird. Daraus ist möglicherweise der Schluß zu ziehen, daß mit Freude „vernetzt" Gelerntes später weit kreativer genutzt werden kann, als dies durch eine eher ängstigende Lernatmosphäre gegeben ist.

Wie könnte der Unterricht humorvoller werden? Um eine heitere Atmosphäre in den Unterricht zu bringen, braucht es keine Weiterbildung auf Humorforscher-Kongressen. Es genügt, wenn der Lehrer dem Humor eine Tür öffnet, indem er eine Atmosphäre der Lockerheit schafft.

Zusammenfassend läßt sich sagen, daß sich das Geheimnis des Lehrens weder in der emotionalen Intensität noch in der fachlichen Kompetenz verbirgt. Entscheidend sind die Arbeitsfreude des Lehrers und die Klarheit seiner Berufsrolle. Werden die belebenden Elemente des zu vermittelnden Stoffes aufgespürt, geschieht das alltägliche Wunder der Lehre. Die Schüler lernen dann im Zusammensein mit dem Lehrer – neben den praktischen und theoretischen Fertigkeiten – die schönen Dinge des Lebens; erfahren im Idealfall Liebe.

„Lernen ist die Vorfreude auf sich selbst."

Peter Sloterdijk

Zeitlichkeit und Affektivität in der Kunst

Das malerische Werk Roman Opalkas in lebensphänomenologischer Perspektive

MARCO A. SORACE

„D'ailleurs, c'est toujours les autres qui meurent. (Im übrigen, es sind
immer die anderen, die sterben)." Diesen Satz (zit. Tomkins
1999, 522) ließ Marcel Duchamp, einer der Väter der künstlerischen Avantgarde des 20. Jahrhunderts, eingravieren in seinen
eigenen Grabstein, der seit dem Jahr 1968 auf dem Cimetière
Monumental in Rouen steht. Duchamp erinnert hier noch in
seinem Tod an etwas, das mit Recht als ein Grundproblem der
avantgardistischen Kunst angesprochen werden kann. Schon
der italienische Dichter Filippo T. Marinetti kündigte am 20.
Februar 1909 auf der Titelseite des „Figaro" im „Gründungs-
manifest des Futurismus" für die neue Kunst programmatisch
an, dass durch ein tieferes Empfinden des Lebens der Tod an
uns vorüberziehen werde. Die Veröffentlichung dieses futuristi-
schen Manifestes im Figaro wird von den Kunsthistorikern in
der Regel als Geburtsstunde der europäischen Avantgarde bezeichnet. Marinetti spricht in diesem Text von einer schnellen
Bewegung, offenbar einer Autofahrt. Der Elan dieser Bewegung lässt ihn die Totalität des Lebens neu empfinden (1975, 4):
„Der zahm gewordene Tod überholte mich *(mi sottopassava)",* so
heißt es, „an jeder Kurve und reichte mir artig seine Tatze."

Ein ganz entscheidender Hintergrund sowohl bei Duchamp als auch bei Marinetti ist die Lebens- und Zeitphiloso-
phie Henri Bergsons. Bereits 1889 stellte Bergson in seinem
ersten Hauptwerk „Essai sur les données immédiates de la
conscience" den diesbezüglich entscheidenden Begriff der *durée*
(Dauer) heraus als eine unmittelbare Gegebenheit des Bewußtseins, die den Charakter von miteinander zusammenhängenden,
sich gegenseitig beeinflussenden Ereignissen hat. In seinem
Text „Zeit und Freiheit. Eine Abhandlung über die unmittelba-

ren Bewusstseinstatsachen" heißt es (1911, 178 f.): „Was von der Dauer existiert außerhalb unser? Nur die Gegenwart oder wenn man lieber will die Simultaneität. Aber für ein Bewusstsein, das sich ihrer erinnert, sukzedieren die Momente einander [...]. Man darf also nicht sagen, dass die äußeren Dinge dauern, sondern vielmehr, dass in ihnen ein nicht auszudrückender Grund vorhanden ist, aus dem wir sie nicht in sukzessiven Momenten unserer Dauer zu betrachten vermögen, ohne eine Veränderung an ihnen zu konstatieren." In dem im Jahr 1907 erschienenen Werk „L'évolution créatrice" spricht Bergson daran anknüpfend davon, dass das *eine* Leben sich erst durch Zeitigung differenziere (dt. 1912). Dabei erinnert uns das Bewusstsein der *durée* an das Ganze dieser Lebenswirklichkeit, welches eine radikale Diskontinuität und in diesem Sinne den Tod ausschließt (Deleuze 2001, 95-114). Weite Teile der historischen Avantgarde, insbesondere der so genannte „Simultanismus", wären ohne die Inspiration durch die Bergsonschen Gedanken zur Zeitlichkeit kaum vorstellbar. Während der Einfluss Nietzsches auf die historische Avantgarde weitgehend bekannt ist, bleibt allerdings jener Bergsons in der Kunstwissenschaft ein immer noch allzu vernachlässigtes Thema. Diese Zurückhaltung gegenüber Bergson ist seit geraumer Zeit nicht nur eine Erscheinung innerhalb der Kunstwissenschaft, sondern auch darüber hinaus.

Gegenwärtig erreicht daher die Kunst in Bezug auf das Problem der Zeitlichkeit der menschlichen Existenz auch nur noch selten jenes Niveau, das sie in der historischen Avantgarde – etwa in der genannten Auseinandersetzung mit Bergson – hatte. Auch wenn heute Künstler und Ausstellungsmacher Kunsterfahrungen gerne als Unterbrechung der alltäglichen Zeit, als so genannte „Auszeiten" anpreisen, wird doch dadurch für die Menschen die Frage, was es denn mit der eigenen Zeiterfahrung auf sich habe, lediglich aufgeschoben. Wer sich derzeit den üblichen postmodernen Inszenierungen von Kunst aussetzt, wird sogar vielmehr noch mit einem zeitlichen Differenzialismus konfrontiert, der auf einen aussichtslosen Nihilismus hinausläuft: „Wir sind dann nämlich in letzter Konsequenz gezwungen, in aller Deutlichkeit uns zugestehen zu müssen, dass wir selbst Nichts sind, weil die zeitliche Intentionalität jedes ‚Sinns' diesen wieder aufhebt, damit ein anderer Sinn sein kann. Unsere Existenz als bloß zeitliche wäre demnach eine unabschließbare Odyssee, der niemals eine Heimkehr – bzw. ein phänomenologischer Grund wie Halt – beschieden wäre." (Funke/Kühn 2005, 117)

Es ist mir an dieser Stelle die Möglichkeit geboten, im Rahmen des vorliegenden Buches mit Praxisberichten aus Existenzanalyse und Lebensphänomenologie einen diesbezüglich kunstgeschichtlich orientierten „Bericht aus der Praxis für die Praxis" zu geben. Auf dem Gebiet der „Kunstvermittlung" ist es (was die Gegenwartskunst angeht) das Werk des polnisch-französischen Spätavantgardisten Roman Opalka, welches wie kaum ein anderes sich dazu eignet, das Phänomen der Zeitlichkeit in einem durchaus auch therapeutischen Sinne für den heutigen Menschen aufzuklären. Im Folgenden soll daher dieses Werk zunächst kurz dargestellt und danach in einer seinen therapeutischen Sinn verdeutlichenden Weise lebensphänomenologisch interpretiert werden.

1. Zur Arbeit von Roman Opalka

Was ich mache, ist wie ein universales Tagebuch, in dem alles drin steht.
Aber ich erzähle nicht anekdotisch, was passiert ist, sondern ich erzähle,
was Zeit ist.

Roman Opalka

Der 1931 im französischen Abbeville geborene Pole Roman Opalka erfuhr zunächst eine künstlerische Ausbildung, die man mit Recht „traditionell" nennen kann. Nach dem Zweiten Weltkrieg kehrte der Fünfzehnjährige mit seiner Familie nach Polen zurück, wo er zunächst eine Ausbildung als Lithograph und Drucker erhielt. Von 1949 bis 1956 besuchte Opalka dann die Kunstschule in Lodz und ab 1951 die Kunstakademie in Warschau. Zu seinen Akademielehrern gehörte noch der konstruktivistische Maler Wladyslaw Strzeminski, der den jungen Opalka mit den Grundproblemen der historischen Avantgarde vertraut machte. Es ist eine Eigentümlichkeit der Opalkaschen Werkgenese, dass er neuere, seiner eigenen Entwicklung in formaler Hinsicht analoge Tendenzen in der westlichen Nachkriegskunst (zum Beispiel die westdeutsche Zero-Kunst) erst sehr spät in den 70er Jahren kennenlernte (Deeke 1991, 3).

Seit Beginn der 60er Jahre machte Roman Opalka sich auf die Suche nach einer eigenständigen Antwort auf die, so kann man sagen, entscheidende Frage der Kunst des 20. Jahrhunderts. Auf den Punkt gebracht, lautet diese: *Wie kann die Kunst wieder zurück zum Leben finden?* Obgleich die moderne Avantgarde bis in die 60er Jahre hinein schon zahlreiche Antwortversuche auf diese Frage gemacht hatte, blieben diese Versuche doch für Opalka immer noch unbefriedigend, da sich die Kunst stets in einem mehr oder weniger *gegenständlichen* Sinne auf das Leben bezog. Genau darin, dass eine wirkliche Verbindung von Kunst und Leben faktisch nicht gelungen sei, hat auch Peter Bürger (1974, 76 ff.) in einer für die Avantgarde-Forschung zweifellos grundlegenden Arbeit die Ursache des „Scheiterns" der historischen Avantgardebewegungen gesehen.

Seine Kritik an der avantgardistischen Tradition führte Opalka im Jahr 1964/65 zu einer folgenreichen Entscheidung: Er wollte von nun an nur noch *eine* Arbeit machen, die in größtmöglicher Einheit zu seinem Leben entstehen sollte. Sie erhielt den Titel „1965 / 1 – Unendlich". Eine Arbeit, deren Endgestalt – da sie ganz von der unverfügbaren Gabe des Lebens abhängt – nicht in seiner Macht liegen sollte; ein „Werk", zu dem er zeitlebens nur „Details" schaffen wird. Man könnte hier bereits mit Blick auf unsere lebensphänomenologische Deutung von einem „pathischen" Charakter seiner Kunst sprechen, der in nichts anderem gründet als in der affektiven Selbstumschlingung des Lebens (vgl. Henry 1994, 146 ff.), worauf wir noch zurückkommen werden.

Opalka entschloss sich also zu einer künstlerischen Praxis, die nicht mehr diesen oder jenen Gegenstand seiner Lebenserfahrung intentional abbilden sollte, sondern ganz wesentlich dem Ankünftigwerden seines Lebens selbst entspricht. Was infolge dieser radikalen Läuterung von allen denkbaren Gegenständen seiner weltzeitlichen Erfahrung wie von selbst die Aufmerksamkeit des Künstlers fand, war das Phänomen der Lebenszeit. Dabei machte er die Entdeckung, dass sich diese innere Zeiterfahrung besonders im Akt des Zählens offenbart. Da sein Ausgangspunkt die Malerei war, entschloss er sich, mit der Zahl „1" beginnend, sein Zählen mit Farbe auf die Leinwand zu bringen (Abb.1). Hier ist zunächst einmal eine leicht zu übersehende Tatsache zu beachten: nämlich, dass der Künstler nicht mit „0" zu zählen begann, sondern mit „1". Opalka setzt also künstlerisch an einem Punkt ein, der schon eine erste Progression des Lebens darstellt (Deeke 1991, 4).

„Mit bloßem Augenmaß" schrieb Roman Opalka mit titanweißer Farbe und dem kleinsten verfügbaren Pinsel auf dunklem Grund diese „1" im Jahr 1965 in die linke obere Ecke einer eigens dafür vorbereiteten Leinwand und begann nach der Gewohnheit unserer abendländischen Schrift von links nach rechts und weiter von oben nach unten „in Richtung unendlich" zu zählen (Deeke 1991, 2 f.). Roman Opalka äußerte sich dementsprechend in einem Interview (ebd. 14): „Als ich mich Mitte der 60er Jahre entschloss, mein Werk unter ein Thema zu stellen, habe ich mich davon abgewendet, was man damals (und heute) unter Malerei verstand. Ja, mir genügte es nicht mehr, nur Künstler zu sein. Deshalb fasste ich den Entschluss, den ich gerne als die Entscheidung eines Menschen bezeichne, der einmal Künstler war. Aus diesem Grunde äußere ich mich mit Hilfe der Mittel, die auch die Kunst (genauer die Malerei und Zeichnung) gebraucht: Keilrahmen, Leinwand, Farbe, Pinsel, Papier, Feder. Tusche usw."

Die Größe der Schrift korrespondiert vor allem mit dem Ausmaß und der Beschaffenheit der Leinwand. Auf diese entscheidende Komponente – die einzelne Leinwand, die Opalka fortan gemäß seiner Konzeption als „Detail" bezeichnete – legte der Künstler zu Beginn seines Vorhabens große Aufmerksamkeit. Der Künstler nennt eine Reihe von Gründen für dieses zunächst willkürlich erscheinende Format. Ein erster Grund liegt in den Ausmaßen seines vormaligen Warschauer Ateliers, welche einen größeren Rahmen nicht zuließen. Dann aber, und dies scheint bedeutsamer, nennt er die Proportion im Verhältnis zu den Zahlen als Schrift: Der Künstler will ausdrücklich an die lange Tradition der Schrift anschließen, in der sich bestimmte Relationen von Schrift und Fläche verfestigt haben (Roman Opalka. Im Gespräch: van der Grinten/Mennekes [1987], 139). Mit dem insgesamt verhältnismäßig großen Format reiht sich Opalka natürlich in die Tradition der abstrakten Malerei ein, wie sie sich von den Kompositionen Wassily Kandinskys bis zu den Allovers Jackson Pollocks gebildet hat. Indessen sind die Zahlen auf den Details so klein, dass sich nicht sofort die Vorstellung von Zahlen aufdrängt, sondern dass hier zunächst einmal ein abstraktes Bild sichtbar wird. Roman Opalka ergänzt dazu im Gespräch mit Friedhelm Mennekes in einer Randbemerkung (zit. van der Grinten/Mennekes [1987], 135): „Da ist noch etwas: Ich will nicht gleich zeigen, dass da Zahlen auf dem ‚Detail' sind. Mein Bild soll neutral wirken. Es soll nicht aggressiv sein. Ein ‚Opalka' soll bei den Ausstellungen fast gar nicht bemerkt werden."

Nachdem er konstant gleich große Leinwände (196 x 135 cm) zunächst mit unverändert dunkelgrauem Grund benutzte, beschloss er im Jahr 1972, den Untergrund von Detail zu Detail um die Zugabe von jeweils 1% mehr Weiß aufzuhellen (Deeke 1991, 3). Auf diese Weise gelingt es ihm, über das fortlaufende Zählen hinaus das progressive Moment seines künstlerischen Handelns zu verstärken: Nicht nur die Zahlwerte werden in Opalkas Werk immer höher, auch die Bilder werden immer heller. So war sich Opalka über die Grundzüge seines Projekts schon im Klaren, als er es im Jahre 1965 anging, doch wurden im Laufe der Arbeit einige Präzisionen notwendig, von denen im Folgenden noch die Rede sein wird.

Eine ganz entscheidende Dimension gewann die Opalkasche Arbeit, als der Künstler damit begann, die jeweils geschriebene Zahl auch zu sprechen und sein Sprechen auf einem Tonträger aufzuzeichnen. Das Sprechen und Schreiben erfolgt völlig simultan, wobei dem Künstler die Tatsache entgegenkommt, dass seine polnische Muttersprache die Zahlen exakt in der Reihenfolge ihrer Schreibweise wiedergibt (Deeke 1991, 9). Diese Aufzeichnungen haben vor allem in späterer Zeit seine Zahlen immer unsichtbarer gemacht, da, wie gesagt, die Leinwände, auf denen Opalka mit weißer Farbe seine Zahlen schrieb, immer heller wurden. Man kann sagen: „Roman Opalka bereitete sich mit diesem ins Akustische umgesetzten Kontinuitätsprozess auf jene Zeit vor, in der er weiße Zahlen auf weißem Grund schreiben wird, auf jenen Zustand also, zu dem für wenige Augenblicke nur die feuchte frisch geschriebene Zahl auf dem weißen Untergrund erscheinen wird, um dann mit diesem zur Unsichtbarkeit zu verschmelzen und der Fortschritt der Zeit nur noch über die Sprache dokumentiert wird." (Ebd. 6)

Sehr früh begann Roman Opalka damit, am Ende eines jeden Arbeitstages ebenfalls ein fotographisches Selbstportrait anzufertigen (ebd. 7). In immer gleicher Kleidung (der Künstler trägt dabei ein einfaches weißes Oberhemd), unter immer gleichen Lichtverhältnissen, mit immer gleichem, möglichst „neutralem" Gesichtsausdruck fotographiert er sich mit einer mit einem Selbstauslöser ausgestatteten Kamera vor der Leinwand, an der er gerade gearbeitet hat (Abb. 2). Er unterstreicht, indem er so über Jahre hinweg deutlich sein körperliches Altern vor Augen führt, in seiner Arbeit den irreversible Prozess des Lebens, der nicht abstrakt zu begreifen ist, sondern es geht hier um nichts weniger als um das Ankünftigwerden des Lebens in jedem Augenblick, welches sich mithin in der Vergänglichkeit seines Körpers ausdrückt. Es sei in lebensphänomenologischer Perspektive besonders darauf aufmerksam gemacht, dass der Gegensatz zwischen der sichtbaren und der unsichtbaren Seite der Opalkaschen Arbeit durchaus beabsichtigt ist. Man beachte vor allem auch, dass die späten Fotographien, auf denen das Antlitz des Künstlers fast vor einem einheitlichen weissen Grund zu schweben scheint, wohl nicht zufällig aussehen wie *Acheiropoietai* (so genannte „nicht-von-Hand-gemalten Ikonen"), deren Sinn ja die Kritik des idolischen Blicks, das heißt der reinen Sichtbarkeit des Bildes ist.

Um deutlich zu machen, wie konsequent Opalka seine Arbeit angelegt hat, könnten wir noch auf eine ganze Reihe von Einzelheiten seines minuziösen Konzepts hinweisen. Ich beschränke mich hier darauf, nun noch in aller Kürze unseren Blick zu lenken auf einige wenige Dinge, welche zu einem umfassenderen Verständnis dieser Arbeit beitragen: Roman Opalka taucht seinen Pinsel nur ein, wenn er eine Zahl zu Ende geschrieben hat, wobei er, wie eingangs bereits erwähnt, stets den kleinsten im Künstlerbedarf erhältlichen Pinsel (Nr. 0) verwendet. Das Ende einer Zahl, das ist sozusagen der kleinste Einschnitt, an dem sich, wie Opalka sagt, die „Spannung" einer gesteigerten Affektivität aufbaut. Weitere Einschnitte sind die letzte Zahl eines Tages, eines Details oder auch eine besonders signifikante Zahl. Er selbst sagte dazu: „Sie können sich vorstellen, welche Spannung das bedeutet, wenn ich Weiß auf Weiß komme zu 7777777. Dann werde ich sehr alt sein, und ich kann mir vorstellen, dass ich aus dieser Spannung heraus sterben könnte" (zit. van der Grinten/Mennekes 1987, 139). Der benutzte Pinsel wird nach Abschluss eines „Details" mit der jeweils damit ausgeführten ersten und letzten Zahl markiert und aufbewahrt. Er ist somit nicht ein bloßes Werkzeug, sondern Bestandteil seines Lebenswerks.

Roman Opalka lebt mit seinem Werk: das erlaubt ihm keine langfristigen Unterbrechungen seiner Arbeit, genauso wie man das Leben ja nicht wirklich unterbrechen kann. Will der Künstler auf Reisen gehen, beendet er zunächst das Detail, an welchem er gerade arbeitet, und beginnt dann eine ebenfalls in der Größe festgelegte so genannte „Reisekarte", die er seinerseits erst beendet, um wieder mit einem Detail mit fortlaufender Zählung zu beginnen. Ansonsten sucht er die Nähe zu seinem Werk. Roman Opalka trennt Atelier und Wohnort nicht (Deeke 1991, 4 f.). Das Werk ist sein Leben. Oder, sagen wir es mit den Worten des Jesuiten und Ausstellungsmachers Friedhelm Mennekes: „Eine Arbeit fürs ganze Leben, für ein ganzes Leben die eine Arbeit, und dieses ganzen Lebens Spur ist ihre Erscheinung." (van der Grinten/Mennekes 1987, 146)

2. Zur lebensphänomenologischen Bedeutung dieser Arbeit

Ich glaube, dass die Kunst heute eine große Chance hat, die Menschen, die eine Beziehung zur Mystik haben, tiefer zu verstehen.

Roman Opalka

Womit Roman Opalka sich befasst, ist, so sagt der Künstler selbst, die „irreversible Zeit, deren falsche Deutung irrtümlich zur reversiblen Zeit führen kann, die mich wiederum nicht interessiert" (zit. Deeke 1991, 14). Es ist also, mit anderen Worten, die unwiederholbare Lebenszeit und nicht eine verobjektivierte und nur in diesem abstrakten Sinne reversible Weltzeit, um die es Opalka geht. Doch was ist überhaupt der Grund des gesamten Opalkaschen Unternehmens? Im elften Buch der „Confessiones" des heiligen Augustinus, in dem es ganz zentral um das Problem der Zeitlichkeit geht, fragt der Kirchenvater im ersten Kapitel: „Warum erzähle ich Dir, Gott, da dein die Ewigkeit ist, in der zeitlichen Abfolge der einzelnen Gegenstände mein Leben?" Augustinus' Antwort lautet: „Damit ich dich [Gott] empfinde, damit ich meinen *affectus* auf dich richten kann." (*Numquid, domine, cum tua sit aeternita, ignoras, quae tibi dico, aut at tempus vides quod fit in tempore? Cur ergo tibi tot rerum narrationes digero? Non utique ut per me noveris ea, seul affectum meum excito in te.*)

Geht es in Opalkas universalem Tagebuch „1965 / 1 – Unendlich" um etwas Ähnliches, so dass man sagen kann, dass Zeitlichkeit bei ihm in einem engen Zusammenhang mit der (Selbst-)Affektivität des Lebens steht? In der Tat lässt Opalka wissen: der Inhalt seiner Arbeit sei das, „wovon ich als Mensch Erfahrung habe, nicht das, was ich weiß, was ich als Künstler vom Leben verstanden habe. Für mich ist das Leben viel wichtiger als die Kunst. In der Kunst der sechziger Jahre, zum Beispiel in der Konzeptkunst, war mir zuviel Dialektik". Dennoch zeigen die Arbeiten Opalkas ausdrücklich, wie mit jeder Aktivität, jeder Ver-äußerung des Lebens im Zeitfluss auch eine Distanzierung und gleichsam Zerstörung und ein Tod einhergeht:

„Wir sind voll von Hysterie über den Tod. Die meisten Künstler zeigen das, was typisch für den Menschen ist: Er hat Angst vor dem Tod. Was ich zeige, hat auch sehr viel zu tun mit dem Tod, aber es steht in einer philosophischen Distanz zum Tod. Es ist auch eine Ästhetik vom Tod. Es ist fast wie eine Messe über den Tod. Ich sterbe in einer Art in meiner Arbeit. Das ist mit jeder [menschlichen] Aktivität so. Aber ich zeige das ausdrücklich" (zit. van der Grinten/Mennekes 1987, 134). Wie ist das, was Opalka hier sagt, zu verstehen?

Roman Opalka erschafft sich, um sich allmählich dem Phänomen der rein immanenten Zeit des Bewusstseinsverlaufs anzunähern, mit den auf dem weißen Grund mehr und mehr verschwindenden Zahlen in gewissem Maße sich selbst ausschaltendende Zeitobjekte. Das entspricht in gewisser Weise dem, was Edmund Husserl in seinen „Vorlesungen zur Phänomenologie des inneren Zeitbewußtseins" (1966, § 1) als „Ausschaltung der objektiven Zeit" bezeichnet, auch wenn diese „Ausschaltung" in der Kunst nur in einer annähernden Weise möglich ist. Michel Henry sagt zu der hierbei stattfindenden Veräußerung der Empfindung bzw. der Impression durch das rein immanente Zeitbewusstsein: „Das Versetzen der Impression außerhalb ihrer selbst (*la mise hors de soi*) beruht hier nicht mehr in einer intentionalen Projektion in Gestalt einer Sinnesqualität des Gegenstandes – im ersten Moment der Errichtung eines objektiven räumlichen Universums als Wahrnehmung der gewöhnlichen Gegenstände, worin in den Augen aller das wirkliche Universum besteht. Das Versetzen der Impression außerhalb ihrer selbst, um welche es sich hier handelt, ist viel ursprünglicher und daher auch viel weniger evident; es ereignet sich in gewisser Weise in uns: dort, wo wir die Gesamtheit unserer Eindrücke und Empfindungen fühlen." Und nun macht Opalka die fundamentale phänomenologische Erfahrung: Selbst in dieser Form einer kaum vorhandenen Objektivität gibt es während seines Tuns ein Gleiten der Intentionalität. In dem sofortigen Abgleiten der Empfindung – die Retention – beim Aufmalen der soeben ausgeführten Ziffer liegt der Grund eines Ins-Außen-kommens der Impression in ihrer Ursprungsform:

„Dass dieses Ins-Außen-kommen der Empfindung in der Retention ihre Zerstörung bedeutet, sieht man daran, dass sie als ‚im Augenblick vergangen', als ‚soeben gewesen', nicht weniger als ganz vergangen ist, kein Sein mehr ist, sondern ein Nichts (*néant*). Sie ist keine aktuell erlebte, gegenwärtige Impression mehr; nicht das kleinste Teilchen Wirklichkeit bleibt mehr in ihr bestehen." (Henry 2002, 87 f.)

Dieser Fluss des Bewusstseins erscheint als ein ständiges Vernichten einer Impression durch die andere. Es gibt im Fluss der immer wieder neu aufkommenden Impressionen keine Beständigkeit; oder, wie Edmund Husserl in der sechsten Beilage zu seinen „Vorlesungen zum inneren Zeitbewusstsein" sagt: „Im Fluss aber kann kein Stück Nicht-Fluss auftreten." Aber, so fragt Husserl dann nicht ohne Grund: „Hat nicht auch der Fluss in gewisser Weise etwas Verbleibendes?" Denn wo wäre sonst eine phänomenologische Substanz aufzufinden, die unserer zeitlichen Existenz noch einen verlässlichen Sinn geben könnte? Es ist „die Form des Flusses", lautet Husserls Antwort (1966, 114). „Allerdings", so erwidert Michel Henry in seiner diesbezüglichen Kritik an Husserl, „ist die Form des Flusses leer, ebenso wie das Welterscheinen, wofür sie nur ein anderer Name ist, und aus dem selben Grunde; sie ist außerstande ihren Inhalt hervorzubringen: jenen Empfindungsstrom, welcher durch die Flussform – durch Zukunft, Gegenwart und Vergangenheit – vorbeizieht, aber ohne in ihr die Wirklichkeit dieser Impression zu schöpfen. Im Gegenteil sind diese Impressionen alle gleichermaßen unwirklich, insofern sie den Intentionalitäten erscheinen müssen, welche die formale Struktur des Flusses bilden: die zukünftigen und vergangenen Phasen, welche noch nicht oder bereits nur Nicht-sein (*non-être*) sind; die sogenannte gegenwärtige Phase, welche nur eine ideale Grenze zwischen zwei Abgründen des Nichts ist." (2002, 90)

Wenn Roman Opalka mit seiner Kunst das Phänomen der Zeitlichkeit aufklären will, geht es ihm entschieden nicht darum, eine „Form des Zeitflusses" zu eruieren, sondern vielmehr darum, sich innerhalb seiner zeitlichen Existenz im Leben selbst zu erfahren (vgl. Henry 1994, 303 f.). Wenn er langsam die Leinwand mit dem Pinsel berührt und geradezu meditativ die Stimme erhebt, um die jeweilige Zahl zu sprechen, geht es ihm um eine ursprüngliches Lebensselbsterfahrung aufgrund derer ein Erscheinen der Welt und der Zeit überhaupt erst möglich wird. Indem Opalka mit seiner Kunst für eine affektive Selbstvergewisserung im Leben eintritt, erhofft er eine Korrektur oder gar einen Ausgleich des gegenwärtig verbreiteten positivistischen Kultur- und Kunstverständnisses (vgl. dazu auch Sorace 2005). Die mit dem grassierenden Nihilismus der spätmodernen Welt konfrontierten Menschen brauchen in der Tat heute wieder dringend konkrete Anregungen und Wege – auch aus dem Bereich der Kunst – sich der Gabe ihres Lebens, vor allem auch ihrer unwiederbringlichen Lebenszeit vergewissern. Hier liegt die tiefere Bedeutung und die eigentliche therapeutische Aufgabe der Kunst von Roman Opalka.

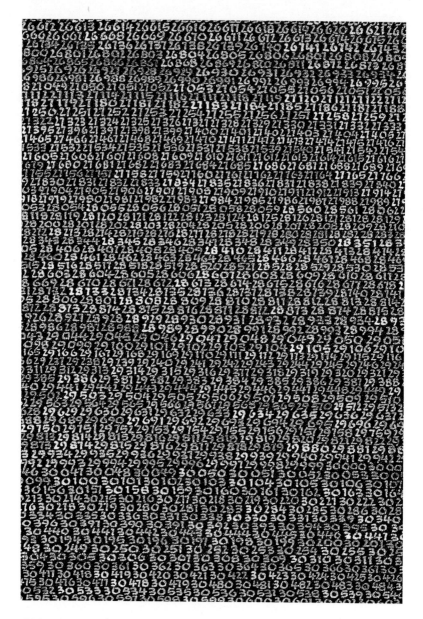

Abb. 1: *1965 / 1 – Unendlich* (Detail)

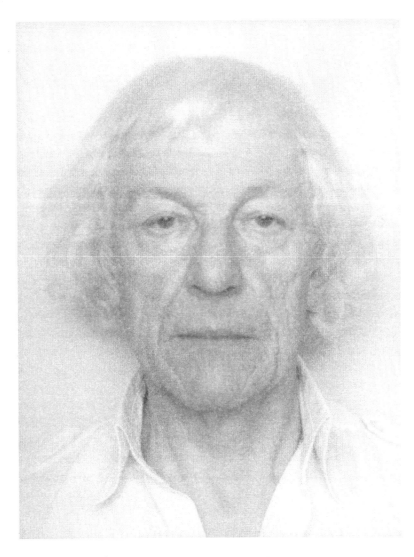

Abb. 2: *1965 / 1 – Unendlich* (Selbstportrait)

Die Wahrheit der Religion als mein Leben

ROLF KÜHN

Die Fragestellung lautet in der folgenden Analyse nicht, ob Religion erkenntniskritisch wahr oder falsch sei, sondern *wie* die Religion, näherhin das Christentum, sich selbst als wahr versteht. Die Frage nach solchem „Wie" ist mithin phänomenologisch, denn sie fragt nach der Weise des Erscheinens, die im Zusammenhang mit „Religion" nur die Frage nach dem Erscheinen in seinem absoluten Selbsterscheinen sein kann. Damit ist auch schon auf den möglichen Einwand von Beginn an geantwortet, *die* Religion schlechthin gäbe es historisch gar nicht, sondern es existierten immer nur bestimmte religiöse Erscheinungsformen wie Riten, Heilige Schriften, Bekenntnisse, Dogmen etc. Denn wenn „das Religiöse" als eine Weise des absoluten Erscheinens zu verstehen bleibt, dann kann sich ein solcher Wahrheitsanspruch auch nicht innerhalb der geschichtlich hermeneutischen Sinnhorizonte entscheiden lassen, weil letztere gerade das Erscheinen als solches immer schon voraussetzen. Das Religiöse als Wahrheit des Erscheinens, genauer eben: als Selbsterscheinen des Erscheinens in dessen Originarität, tritt in phänomenologischer Weise daher auch stets als Einklammerung oder Krisis von vordergründigen Welthorizonten als Sinnhorizonten auf. Keiner würde von Religion überhaupt (noch) sprechen, wenn sie nicht genau dieser „Bruch" mit „Welt" wäre, denn als das Andere von Welt ist jede Religion gerade der Anspruch auf absolutes Erscheinen als dessen Selbsterscheinen – das heißt als *Offenbarung.* Daß solcher Bruch mit der Welt nicht die Negation oder sogar Verachtung derselben beinhaltet, wird im Zusammenhang mit der Offenbarungsrealität selbst deutlich werden.

1. Radikale Epoché und „Bruch" mit der Welt

Was bleibt, wenn die ganze Welt mit all ihren Sinnhorizonten eingeklammert ist und keine weitere welthafte Reduktion mehr

132

erfolgen kann? Es bleibt dann das rein phänomenologische Leben, anders gesagt genau das absolute Erscheinen in seiner Selbstphänomenalisierung. Daß Religion zunächst nichts mit Welt zu tun habe, bedeutet folglich: Sie ist ein anderer Name für *Leben*, und zwar nicht für das biographische, existentielle, gesellschaftliche Leben oder wie immer, sondern für das Leben in dessen Absolutheit als Quelle von allem, was „ist". Nicht zufällig heißt es in einem christlichen Haupttext wie dem Johannes-Evangelium: „Ich bin die Wahrheit und das Leben." Wir benutzen diesen Satz hier nicht als einen Autoritätsbeweis für unser Verstehen von Religion als Wahrheit, sondern fragen umgekehrt: *Wie* geschieht es, daß wir diese Aussage in ihrem religiösen Wahrheitsanspruch überhaupt nachvollziehen können? Deutlicher gesprochen: eine Wahrheit kann nie in Buchstaben, Wörtern, Sätzen, Texten, Dogmen, Bekenntnissen, Lehrgebäuden, Theologien, Vorschriften oder Weisungen bestehen, sondern sie muß sich vielmehr als *in sich* lebendig erweisen, das heißt als identisch mit dem absolut phänomenologischen Leben, das „ich" zugleich unveräußerbar bin. Insofern wird im folgenden auch des öfteren von einer *Gegen-Reduktion* des Lebens gesprochen, um die Selbstradikalisierung des Denkens hierbei für die Religion als Wahrheit der Selbstoffenbarung fruchtbar zu machen.

Die Epoché der Welt durch die Religion ist mit anderen Worten radikal, denn sie umschließt ebenfalls die Epoché jeglicher Sprache. Sprechen im Sinne von Sinnerschließung und Bedeutungsmitteilung besagt, daß innerhalb der Eröffnung einer Welt oder eines Horizontes auf Dinge und Ereignisse in derselben verwiesen wird, die dann ohne Ende im Spiel der impliziten Verweisungen ihren Sinn sich weiterhin zusprechen und absprechen. Nimmt man Sprache sowie Texte als Verweis auf einzelne Wahrheiten in diesem Gesamtspiel der Referenzen oder als Eröffnung der Wahrheit des Seins schlechthin nach Heidegger, so bleibt in beiden Fällen bestehen, daß die Wahrheit nicht selber erscheint, sondern einen *Bezug* vertritt. Dem entspricht, daß in der abendländischen Tradition „Wahrheit" bis heute entweder als Idee (Platon), Evidenz (Descartes), Bewußtsein (Kant), absoluter Geist (Hegel) oder Intentionalität (Husserl) verstanden wird. Die „Dinge" jedoch, die mir bewußt sind, auf die ich mich auslegend beziehe, von denen ich eine Idee oder Vorstellung habe, sind nicht die Worte, Gedanken und Begriffe, mit denen ich mich auf sie beziehe. Als eine solche prädikative Wahrheit sind die Dinge folglich abwesend, und zwar für immer, solange das Gesetz der Welt und deren phänomenologische Seinswahrheit auf Differenz und Referenz als *Indifferenz* lautet, sofern nämlich alles *als* ontische Erscheinung – lebendiger Mensch *wie* toter Stein – nebeneinander und nacheinander auftreten können, um jeweils wieder für das Wahrnehmungsbewußtsein zu verschwinden. Eine zusätzliche satzhafte Bestätigung der Wahrheitsexistenz wie „es ist wahr, daß ..." fügt daher weder (onto)logisch noch phänomenologisch der Wahrheit der Dinge, Sachverhalte und Ereignisse etwas hinzu, sondern es wird nur bekräftigt, was die einzelne Existenzaussage bereits als Voraussetzung enthält: nämlich eine bestimmte Raum/Zeit-Lokalisierung innerhalb der ontischen Weltverweise darzustellen.

Praktisch gesehen bedeutet „es ist wahr, daß ..." die Aufforderung, hinzugehen und nachzusehen, ob es wirklich so ist. Infolgedessen verweist die Sprache auf die Schau, mit Husserl gesprochen: auf den Horizont der Sichtbarkeit bzw. auf die Phänomenalität der Welt als stets mitgedachtem Boden aller Erscheinungen, wobei solche Welthaftigkeit – wie wir schon sahen – nicht die Selbstphänomenalisierung der Wahrheit selbst als Leben bedeuten kann. Wenn ich behaupte: „Es wird regnen, weil die Wolken tief hängen", dann ist dies eine *kontingente* Aussage im Sinne einer empirischen Wahrscheinlichkeit oder Erfahrungswirklichkeit, denn ich werde abwarten müssen, um dann zu sehen, ob es in der Tat regnet oder nicht. Behauptet jemand: „Alle Radien eines Kreises schneiden sich in dessen Mittelpunkt", dann ist damit eine *rational notwendige* Aussage aufgestellt, die sich in ihrer Unumgänglichkeit aus dem Begriff des Kreises selbst ergibt. Auch hier muß ich allerdings zur Überprüfung hingehen und nachsehen; was bedeutet, den Kreis und die Radien entweder ideativ als Vorstellung oder praktisch mit meinen Händen in ihrer geometrischen Notwendigkeit zu konstruieren. Alle Sachverhalte wie Geschehnisse in der Welt, einschließlich meiner selbst als naturalem Individuum, lassen sich so der kontingenten oder notwendigen Wahrheit zuordnen. Sage ich jedoch: „Es ist wahr, daß Gottes Sohn Mensch geworden ist", dann bewege ich mich entweder weiterhin im Bereich einer urteilenden Grammatik und versuche – vergeblich – aus einer kontingent historischen Wahrheit auf der Grundlage von mehr oder minder authentischen Glaubenszeugnissen eine absolut religiöse Aussage zu machen – oder ich „verstehe" diesen Satz eben als einen „Bruch" mit jeder Weltaussage, um etwas über die Selbstoffenbarung Gottes zu „erfahren", die mit dem Selbsterscheinen des Erscheinens als *Leben* identisch ist (Henry 1999, Kap. 1-3).

Bleiben wir unserer religiös überlieferten Vertrautheit halber bei diesem letzten Beispiel, dann kann Gottes Selbstoffenbaren nichts anderes bedeuten als dies: Er gibt sich *als sich selbst* im Sinne des Einzigen, das er geben kann, und zwar eben in seiner ganzen Wesenhaftigkeit als „lebendiger Gott", da er nichts Geringeres als sich selbst jemals geben kann. Daher besitze ich auch nur einen „Ort", der nicht die Welt der endlosen Verweisungen ist, um dieses sich selbstoffenbarende Leben prinzipiell „verstehen" zu können, nämlich „mein" phänomenologisches Leben. Denn auch das konkret phänomenologische Leben, das „ich" durch dessen Selbstaffektion bin, gibt sich in all seinen Punkten und zu allen Augenblicken als das, was es ist, nämlich nur als es selbst, weil es sonst nicht das Leben wäre, das in sich nichts Anderes, keine Distanz, Indifferenz oder Verweigerung kennt. Diese Selbstoffenbarung des Lebens als dessen absolut immanente *Selbstbindung* an sich selbst, das heißt ohne mögliche Zurücknahme irgendeiner Art, ist folglich der einzig effektive *Wahrheitszugang*, in dem Gott sich uns offenbaren kann, wobei Er dieser Zugang selber ist. Denn wir haben gegen-reduktiv gesehen keinen anderen Zugang zum Leben als im Leben selbst, und somit auch keinen anderen Zugang zu Gott als in Gott, der letztlich dieses Leben ist. Wir verstehen folglich die Sätze der Heiligen Schrift, der Evangelien, wie beispielsweise „Ich bin die Wahrheit und das Leben", als wahr in ihrer Ungeheuerlichkeit, weil unser eigenes originär subjektives Leben ständig immanent mit derselben Ungeheuerlichkeit spricht – und zwar nicht, indem es „Worte der Welt" gebraucht, das heißt evident überprüfbare Sätze, sondern weil „mein" Leben als passives „Mich" im Akkusativ niemals von seiner ihm eigensten Wahrheit, das Leben – und nichts als dieses – zu sein, irgendetwas zurücknimmt. Dieses absolute Sosein des Lebens in seiner phänomenologischen Materialität ist kürzer gesagt sein *Pathos*, und dieses unaufhörlich geschehende Pathos als absolutes Sich-selbst-sagen des Lebens in seiner Selbstoffenbarung ist seine immerwährende Wahrheit ohne vorstellendes Wort sowie diesseits jeder Zeitlichkeit.

Es sind an dieser Stelle zwei Verständnisklärungen notwendig: Die eine betrifft das Verhältnis von Wahrheit und Religionen im historischen Plural; die andere das praktisch ethische Verhältnis des Lebens – als Wahrheit der Religion – zur Welt. Wenn jede Religion zur anderen indirekt sagt: „Du hast nicht den wahren Gott", wie es heute wieder in den Fundamentalismen geschieht, dann betrifft diese interreligiöse Wahrheitssuche, einschließlich des Absolutheitsanspruchs des Christentums, die Ebene der adäquaten Vorstellung von „Gott" und deren Reinigung. Da dieser Begriffsprozeß wie jede Textauslegung unabschließbar ist, schlugen wir anfangs vor, die jeder Religion inhärente „Krisis" bezüglich Vorstellungen und Welt als Epoché schlechthin zu verstehen, und damit als gegen-reduktiven Hinweis auf die notwendige Besinnung der Radikalität des Erscheinens als Leben. Sofern alle Religionen bezeugen, daß „etwas" ist, das mit dem unmittelbar Wahrgenommenen niemals konform sei (was beispielsweise auch für fernöstliches *Nirvana* und *Tao* gilt), bezeugen sie auf ihre Weise insgesamt die Notwendigkeit einer „Selbstoffenbarung", die ihre absolute Resonanz – das heißt philosophisch die innere Möglichkeit ihrer Erfahrung – in unserem impressionalen Leben hat. Unter diesem material phänomenologischen Gesichtspunkt als einer wesenhaften Bestimmung spricht „die" Religion von nichts anderem als von diesem absoluten Leben, das sich gibt, weshalb im

Sinne solcher gegen-reduktiven Selbstoffenbarung die Religionen „eins" sind, ohne sich historisch zu vermischen. Vollziehen wir dieselbe Wende in bezug auf Leben und Welt, so ist die radikal phänomenologisch gesehene Welt „im" Leben, und nicht umgekehrt. Das Sehen hält jeden Gegenstand originär in seinem Blick; aber damit ich ersteren überhaupt „im Blick behalten" (*in-tueri*) und somit erkennen kann, muß solches Sehen zunächst selbst als Sehen-können immanent affiziert sein. Der Weltgehalt insgesamt ist daher letztlich das Leben selbst, weil alles Erscheinende in dessen „lebendigem Griff" gehalten wird, wozu als prinzipielle Bedingung Bewegung und Gestik des Leibes als meines „impressionalen Fleisches" gehören, ohne welches nichts für mich erscheinen würde. Anstatt also die Welt zu fliehen, sie zu verneinen oder zu verachten, gibt die Religion der Welt erst ihre ganze ontologische Dignität zurück, indem diese Welt von Gott als im absoluten Leben gehalten wird. Mit anderen Worten gesagt ist sie zu keinem Augenblick eine amorph oder physikalisch reduzierte Masse, sondern eine tatsächliche „Lebenswelt", genauer gesagt eine „Welt-*für*-das-Leben", aus dem sie zugleich ist. Es sei denn, wir hielten die Religion überhaupt schon für antiquiert und lieferten die Welt tendenziell oder definitiv ganz den objektivierend technischen Prozessen aus, die in ihrer neuen Form von scheinbar unwiderstehlicher Gewalt aus der Welt schließlich eine monotone Welt des Todes machen könnten, aus der Empfinden und Fühlen als originärer Wahrheitszugang verbannt sind. Impliziert Religion aber eine radikale Besinnung auf das Leben als absolutes Erscheinen, so schließt dies heute umso mehr ein, daß jede Reflexion über die „Wahrheit der Religion" untrennbar davon ein Nachdenken über den phänomenologisch praktischen Wahrheitsgehalt der Welt sein muß. Wird dieser Welt durch die religiöse Epoché als Gegen-Reduktion jeder Anspruch auf eine *autonome* Erscheinensweise allein aus sich heraus genommen, was keine Verletzung ihrer Eigenverantwortlichkeit bedeutet, so gewinnt sie dadurch ein „Mehr", welches jeder phänomenologischen Reduktion als Mehr-Gebung innewohnt. Dies bedeutet konkret für die Welt, von ihrem sinnlich affizierten Ursprung her ein wirklicher *Wert-für-das-Leben* zu sein, um als solcher bewahrt und gepflegt zu werden. Ist Religion folglich letzten Endes an nichts anderem interessiert als am „Heil" des je einmaligen, individuell subjektiven Lebens innerhalb einer kompossiblen Gemeinschaftlichkeit von jeweils absolut Lebendigen, dann träfe sich ebenfalls im praktischen Übergang von Ich/Welt sowie von Welt/Ich der Akt des Religiösen mit dem Sinn der Wahrheit des Erscheinens als solchem. Denn einerseits gilt es phänomenologisch wie religiös, kein fixiert vorgestelltes Bild von Welt für endgültig zu halten, sowie andererseits, das je affektiv erfahrbare Erleben von Sich und Welt nicht mit der absolut phänomenologischen *Ermöglichung* dieses Erfahren-könnens selbst zu verwechseln. Da dieses Erfahren-können nur in mir ruht, sofern ich meine konkret pathische Ermöglichung allein in einer transzendentalen Geburt zu jedem Augenblick im Leben habe, bin ich ebenso unmittelbar wie unbedingt an ein *immemoriales Zuvor* verwiesen, das ich niemals selbst geschaffen habe, sondern in dem ich stets neu gezeugt werde. Angesichts solcher Immemoriabilität bekennt in einem ganz elementaren Sinne von Glauben jeder Atemzug wie Gedanke als *cogitatio* die allerhöchste Offenbarung der Wahrheit selbst, sofern die unbezwingbare *Selbstbindung* des Lebens an sich selbst als unversiegbar aktualisierte Selbstgabe nie „fehlt", und zwar im doppelten Sinne dieses Wortes von vorübergehendem Mangel oder definitiver Abwesenheit.

2. Lebensursprung und Handeln

Die Phänomenologie im Sinne einer radikalisierten Gegen-Reduktion kann daher die Wahrheit der Selbstoffenbarung des Erscheinens als die Wahrheit des Lebens und der Religion mit höchster Affinität ansprechen, denn die tiefste Wahrheit des absolut phänomenologischen Lebens ist schließlich sein *Sich-selbst-vergessen* in seiner immemorialen sowie anschauungslosen und gerade daher selbstverständlichen „Präsenz", damit ich sein – oder besser: leben – kann. „Gott" im Weltleben zu vergessen, ihn darin weder wiederzuerkennen noch an ihn zu denken oder zu ihm zu beten, berührt deshalb in keinerlei Weise sein Wesen, das absolutes Selbst-geben als Sich-vergessen ist und somit schon all unser „Vergessen" vorweggenommen hat in ein abgründiges Schweigen hinein, das unser *passiver Grund als Ursprung* ist. Dieses Vergessen als die äußerste Realität der Anwesenheit und Nähe des Lebens auszusprechen, verpflichtet jedes Denken insofern, als das umfassende Heil des subjektiven Lebens dies wesenhaft erfordert. Und das Denken kann es mit seinen Worten tun, das heißt im Aufweis der phänomenologischen, absolut gewissen Lebensaffektion, ohne damit die Sprache eines expliziten Credo übernehmen zu müssen. Würde sich das Denken prinzipiell oder methodologisch weigern, die Wahrheit der Religion dort zu Wort kommen zu lassen, wo es um das zentrale „Bedürfen" des je individuellen Lebens selbst geht, dann würde es der innersten Wahrheit des Lebens selbst zuwiderhandeln, nämlich die absolute Beladenheit des Lebens allein mit sich selbst zu verstehen, die in der *Unerträglichkeit des Pathos* solcher Last noch *vor* der möglichen existentiellen Ablehnung oder Zustimmung selbst liegt. Denn bei solcher „Selbstobjektivierung" des Lebens seitens des denkerischen Bewußtseins geht es nicht mehr um ein thematisches Dies-da, an dem ich mich wissend oder glaubend festmachen kann, sondern es geht darum, die ganz ursprüngliche Möglichkeit zu erfassen, was es heißt, in meinem Ursprung wie Ziel ein „spirituelles Leben" zu sein, wie dies beispielsweise ethisch oder metaphysisch auch mit dem existenzanalystischen Begriff der „Person" umschrieben wird. Diese Möglichkeit der Lebensselbstobjektivierung zu versäumen, wäre in der Tat „Tod" anstelle einer notwendig weitergezeugten „Geburt", in der das Leben sich seiner selbst „bewußt" wird, anders gesagt, keine weitere Motivation zum Handeln mehr benötigt als dieses Leben selbst, in dem allein alle Kraft zum Handeln liegt.

Durch die äußerste Epoché, wie wir sie als radikale Gegen-Reduktion vollzogen haben, sind Phänomenologie und Ontologie letztlich identisch, denn Sein „wird" erst im Selbsterscheinen des Lebens als Sich-affizieren. Ebenso gilt dementsprechend die phänomenologische Identität von Religion und Ethik als *phänomenologische Reziprozität* innerhalb dieser immanenten Ontologie, insofern das absolut sich-gebende Leben aus seinem Ab-Grund nie verweigerten Sich-gebens heraus zugleich der welthaft uneinholbare „Aufenthalt" bei sich ist, wie Heidegger *éthos* übersetzt. In bezug auf eine solche gegen-reduktive Lebensphänomenologie der Religion soll das Sprechen von diesem unmittelbaren Ethos hier nur daran erinnern, daß im inneren, apriorischen Wesensbereich der Selbstoffenbarung keine intentionalen Unterscheidungen mehr zu berücksichtigen sind, wie Husserl sie für das Konstitutionsgeschehen forderte. Wenn sich also der absolute Grund des pathischen Lebens in dessen Phänomenalisierungsidentität mit der subjektiven Affektivität als transzendentaler Sinnlichkeit letztlich nur noch in lebendig religiöser Selbstreferenz sagen läßt, dann können material- wie formalontologische Aussagen von Welt und Seele für die phänomenologische Ursprungsoffenbarung und die Einheit ihres Selbsterscheinens nicht mehr maßgeblich sein. Von solchen ontologischen Verweisungen einschließlich einer darin enthaltenen ethischen Haltung oder Praxis hat die Religionsphilosophie wie Theologie bisher lange gezehrt, ohne für sich selbst ein Ursprung zu sein, der gleichzeitig ebenso absolut religiös wie subjektiv alltäglich ist.

Die vorliegende absolut radikalisierte Analyse, um in der rein phänomenologischen Lebensrealität als unserer affektiven Materialität das Absolute (Gott) selbst mit dem originär passiven Grund unserer fleischlichen Impressionabilität zusammenzusehen, bedeutet in ihrer Identität (die hier kein Vergleichen von logisch Getrenntem mehr voraussetzt, sondern die Einheit von Akt und Gehalt als Selbstaffektion beinhaltet), daß Ontologie sowie Ethik innerhalb dieser letzten Fundierung keine autonomen Diskurse sein können. Im Weltbereich, das heißt aus der intentionalen Wahrheit desselben heraus, können solche Diskurse natürlich geführt werden und haben dort ihre Berechtigung, aber sie verbleiben an jeder beliebigen Stelle ihres Aufweises *überdeterminiert*, da jeder Rekurs auf das Ego oder auf das Dasein bzw. auf die Rationalität oder Wissenschaft die Inanspruchnahme der ihnen je vorgängigen „Lebendigkeit" impliziert. Jeder (Meta-)Diskurs über ein notwendiges Handeln aus einem sein-sollenden „Wollen" oder Wertstreben heraus gründet auf einer prinzipiell verlebendigen „Kraft", die eine Motivation erst zum Ins-Werk-setzen-können werden läßt. Der Begriff Lebendigkeit hat daher für uns keinerlei lebensphilosophischen Irrationalitätscharakter, sondern Husserl benutzt ihn beispielsweise im phänomenologisch konstitutiven Sinne, um damit die urinstinktive Wirktatsächlichkeit jener „affektiven Kraft" zu beschreiben, die aus der vor-intentionalen Affektion heraus das „Erwachen" des Vor-Ich zum bewußt erfassenden Ich ermöglicht. Mit anderen Worten ist die *Verlebendigung* der proto-logische Grundvollzug aller genetisch bedingten Denksynthese selbst, genauer gesagt: ihr vorgängiges Wesen, weshalb wir hier auch den prinzipiellem Phänomenalisierungsmodus mittels der Lebensoffenbarung als innere Einheit des Erfahren-könnens schlechthin im Sinne der Einheit von Religion, Phänomenologie, Ontologie und Ethos zu beschreiben versuchen.

Keine Metaphysik und Hermeneutik des Seins kann mithin *sich*-selbstgebende Verlebendigung einsichtig machen, denn in solcher Originarität wird erst „Sein" als sich eröffnendes „Da", als Abhebung, Ereignis oder Differenz, und zwar im Werden bzw. „Zuspiel" der Zeitekstasen im Sinne Heideggers, die ihrerseits ohne die absolut anfängliche „Selbstentzündung" der Lebensaffektion als urimpressionaler *cogitatio* nicht möglich wären. Auch keine imperativ normierende Ethik könnte durch ihre Diskurse die Selbstverlebendigung jener Kraft setzen, für deren Verwirklichung jede Ethik konzipiert wird. Deshalb haben auch alle Aussagen „über Gott" im Raum des metaphysischen Seins und seiner noch darin verbleibenden Dekonstruktionen keine überzeugende Resonanz, denn Gott ist in der Tat kein „höchstes Seiendes" auf dem Hintergrund eines univoken Seinsbegriffs, der Systematik des Vor-stellens unterworfen, sondern er ist der Lebendige schlechthin als der *Sich-Verlebendigende* allein in sich selbst. Nichts anderes besagt die Selbstaffektion als material phänomenologisches oder pathisches Wesen unserer selbst, insofern in ihr die Sich-Verlebendigung des Lebens unsere transzendentale Geburt aus der für uns absoluten Passivität des

Lebensempfangs heraus bedeutet. *Passivität* bezeichnet daher zugleich ein Ethos der phänomenologisch ontologischen Präsenz im Sinne des absoluten „Aufenthaltes" des Lebens bei sich selbst durch sich selbst, und zwar als „Mich" in singulärster Ipseität der je konkret individuellen Lebensselbstaffektion, weshalb jede Analyse gegen-reduktiver Selbstgebung die Kritik der klassischen Ich-Konstitution mit ihren metaphysisch vorgegebenen Kategorien einschließen muß, um ein Cogito sichtbar zu machen, das die passive Verfleischlichung oder Impressionalisierung des Lebens selbst ist. Die radikale Ungeschaffenheit jener Passivität als Leben „für mich", das heißt für das im Akkusativ zu deklinierende „Empfindungs"-Ich, ist genau die reine Selbstbindung des Lebens an sich selbst als das Absolute aus dem Grund seiner Absolutheit (Gott) heraus, was zunächst kein ethisches Pro-jekt und seine existentiell je wieder mögliche Aufhebung per „Stellungnahme" oder „Entschlossenheit" impliziert. Deshalb liegt in der *Passibilität* des lebendig affektiven Cogito auch das reinste Ethos des sich selbst-gebenden Selbst-Besitzes vor, so daß keine Ethizität in phänomenologisch ontologischer Reziprozität noch strenger und schlichter gedacht werden könnte, wie sie bei allem geistigen und praktischen Tun vergessend in Anspruch genommen wird, so wie unser fleischlich impressionaler Leib normalerweise beim Handeln nicht selbst thematisch wird.

Die einfachsten Aussagen der Religion(en), wie beispielsweise „Gott ist das Leben", sind daher zugleich von vornherein die höchste phänomenologische Radikalität selbst und bedürfen keiner weiteren methodischen Zugänge durch Ontologie oder Ethik des Seins und Sollens, denn der Zugang zum Leben ist jeweils nur das Leben im verbalen Sinne selbst – das heißt in seiner selbstoffenbarend materialen Realität des sich ununterbrochen modifizierenden Vollzuges. Auch eine religiöse Tradition wie der Islam, der an sich von einer stark imperativen Ethik geprägt ist, kommt an entscheidenden Stellen seiner für ihn inspirierten Schriften auf das Originärste zurück, das sich dann zugleich ebenso unmittelbar als das Universalste erweist. So heißt es in der Sure 8, 64 des Koran: „Hättest Du, Prophet, alles auf Erden Vorhandene in seiner Totalität weggegeben, so hättest Du nicht die Affektion als Zuneigung zwischen den Herzen [der Gläubigen] erreichen können. Es ist Allah, der diese Affektion zwischen ihnen errichtet hat." Hier ist ein intersubjektives, oder besser: ko-pathisches Wesensmerkmal religiös phänomenologischer Wahrheit indirekt erkannt, das nicht nur vordergründig auf die theologische Monokausalität aller Weltgeschehnisse durch Allah zurückgeführt werden kann, sondern das einem jeden von uns an sich Zugänglichste – die affektive Gemeinschaftlichkeit – an den Ursprung der „Zuneigung" aus dem Leben selbst heraus bindet. Dies unterstreicht, daß im religiösen Bereich „Intersubjektivität" durch die Identität Gottes mit dem Leben unmittelbar gestiftet ist, so wie wir nach der Aussage des Apostels Paulus alle „Söhne im Sohn" sind – das heißt Kinder des Lebens oder Lebendige im transzendentalen Sinne, ohne erst über die äußere Wahrnehmung zu „Nächsten" werden zu müssen.

Mithin läßt sich nochmals unterstreichen, daß die absolut phänomenologische Gegen-Reduktion als Vorstellungsarmut des Lebens geradezu die Verlebendigung des gesamten Kosmos einschließt, ohne hierfür eine explizite Ethik zu benötigen, es sei denn jene der Leiblichkeit in ihrem unmittelbar impressionalen Können selbst. Nicht nur ist durch die transzendentale Affektion der Sinnlichkeit jeder Gegenstand bereits im sinnlich wahrnehmenden „Griff des Lebens", um erscheinen zu können, sondern die *Universalisierung* dieser Verlebendigung ist eine Totalität ohne ichlich unterwerfende Herrschaft, das heißt: die *Kompossibilität* aller Dinge in ihrem originären Gesetzt- und Bejahtsein durch das all-eine Leben als letztfungierende Phänomenalisierungsweise ihres untereinander lebens-weltlich dienenden So-seins. Historisch wie systematisch läßt sich daher folgern: Wo immer die Ontologie sich nicht selbst radikal *phänomenologisch* erweist, gleitet sie in ethische Substitute ab, um ihre Schwäche an gegen-reduktiver Analyse durch mehr oder weniger moralisierende Appelle zu verbergen. Denn die Ethik, sofern sie jeweils das vermeintlich Abwesende ausstehender „Realisierung" in ekstatische Projekte der Menschen hineinverlegt, überbrückt nur scheinbar die Kluft von „Sein und Sollen". Sofern hingegen das rein phänomenologische Leben sein eigenes Ethos bildet, das heißt den bleibenden „Aufenthalt" in der Unverbrüchlichkeit seiner ewigen Selbstzusage an sich selbst durch sich selbst in jedem Augenblick, ist auch bereits je schon geschehen, was kein äußeres Tun noch zusätzlich herbeiführen könnte: nämlich das Ineinanderfallen von Anspruch und Verwirklichung in ein und demselben Leben, welches der immanent wertende Maßstab für alles Gelingen bleibt.

Dort nämlich, wo dieses Leben bereits mit sich vollkommen eins ist, das heißt: in seinem affektiven Wesen nichts anderes als sich selbst zeugt, weitergibt und empfängt, ist auch das Absolute in einer je singulär phänomenologischen Reziprozität mit der *Lebensipseität* gegeben, die ich bin – so wie ein jeder aus demselben Leben „ist". Die originäre *Pluralität* der Individuen ist folglich *vor* aller geschichtlichen Existenz bereits im Leben selbst gegeben, sofern jeder Lebendige, wie schon gesagt, einen einmalig ipseisierten Zugang zum Leben besitzt, ohne jemals dieser Zugang selbst sein zu können. Und insofern zugleich auch die Einheit aller „Menschen" in der Gemeinschaftlichkeit dieses selben Lebens besteht, in das ein *jeder* von uns, Mann wie Frau, selbst-pathisch eingetaucht ist, bedarf es auch keiner metaphysisch totalisierenden Visionen, um diese Einheit fiktiv ideologisch, politisch oder religiös fundamentalistisch zu erzwingen, wie die stärkste Kritik an der alles im Selben identifizierenden Ontologie als „Krieg" bei Lévinas lautet. Ging daher die Einheit der Menschen bisher von einer Ontologie des *ens creatum* oder einer Ethik des *sensus communis* aus, so muß unter anderem eine radikal phänomenologische Religionsphilosophie methodisch dem nicht mehr folgen, weil das sich-selbstoffenbarende Leben mit dem *increatum* der Lebensübereignung als Wahrheit der Religion in unserer absoluten Passivität originär gegeben ist, die schon für Meister Eckhart wie dann auch für Fichte auf ihrem Grund eine unbezweifelbar „selig göttliche Liebe" bedeutete. Wovon man in der Sprache der Welt nicht sprechen kann, darüber ist dann aber keineswegs zu schweigen, wie Wittgenstein nahelegte, sondern es ist zu *leben*. Zu solchem

Leben im verbalen Sinne gehört in der Tat alles: das Schweigen wie das Sprechen, weil das Leben Vergessen und Selbstexplikation in einem ist und beide sich ineinander auslegen. Daher möchte der vorliegende Versuch über die Phänomenalität des Religiösen auch nicht an irgendetwas historisch oder thematisch Vergessenes erinnern, so als ob etwa bisher Übersehenes aufgedeckt würde, sondern es geht letztlich um das sich immanent vollziehende „Sagen" des Religiösen selbst, das den Menschen als sie affizierendes „Ursagen" nie gefehlt hat, seitdem sie auf Erden leben (Kühn 2003).

3. Immemorialität und Erinnerung

Seit Platons Denken als metaphysische Meditation über die Zeit, die an ihrem Anfang wie an ihrem Ende unser Gedächtnis und unsere Erwartung übersteigt, wird die Wahrheit des Seins als das *Immemoriale* nur durch das Durchschreiten des Vergessens wiedergefunden, das heißt als Aufrollen der Horizonte, ohne deren Primat selbst in Frage zu stellen. Für die darauffolgende christliche Epoche, die ihr Denken zwischen Schöpfung und Wiederkunft Christi ausspannte, sind das Gedächtnis des Ursprungs sowie die „Hoffnung wider alle Hoffnung" nach dem Apostel Paulus zwei wesentliche Glaubensmomente, die „christliche Existenz" als Geschichtsexistenz eigener Positivität begründen. Das Zeitgedächtnis muß sich zudem in der Auferstehung von jeder selbstgemachten, „nostalgischen" Sehnsucht reinigen und wird erst durch das Gedächtnis der Verheißungen Gottes zur Hoffnung, weil Er als der Andere nicht vergessen werden kann und allein das Unerhoffte verheißt. Für die modernen dichterischen und phänomenologischen Analysen des Vergessens ergibt sich hingegen, daß sie den Verlust in der Erinnerung verneinen wollen, denn was zu erinnern ist, sei immer nur als das „Verlorene" zu erinnern, so daß die Revokation alles Erinnerbaren für Nietzsche, Novalis, Proust, Freud und Jung etwa als die für immer gerettete Ganzheit unserer selbst auftritt.

Wenn dieses Leben jedoch als das schlechthin „Immemoriale" auftritt, dann ist dieses *Vergessen des Lebens* eben genau die positiv phänomenologische Bedingung der ur-eigensten Phänomenalität dieses Lebens als „Offenbarung" im Sinne seiner Urphänomenalisierung, die als Selbstoffenbarung zugleich die Wahrheit Gottes ist, an die kein Erinnern zurückreicht, wohl aber in der ständig von uns in Anspruch genommenen Lebenspräsenz „gegeben" ist, wie schon der Kirchenvater Irenäus von Lyon in seinen „Fünf Büchern gegen die Häresien" (Kap. 4, 20) argumentierte: „Denn zu leben ohne das Leben ist unmöglich; die Subsistenz des Lebens aber kommt her von der Teilnahme an Gott." Denn niemals tut sich ein Abstand, eine Abhebung oder Kluft in solchem Leben auf, dank derer sich irgendeine Spur des Erinnerns zurückverfolgen ließe. Somit impliziert unser Vergessen des Lebens keinen Mangel des Denkens oder der Aufmerksamkeit, sondern es ist die apriorische Bedingung seiner absolut unsichtbaren Anwesenheit als solcher, die sich daher in keiner Welt „zeigen" kann, so daß dieses welthafte Nicht-Erscheinen des Erscheinens-als-Erscheinen die eigentliche Wahrheit des selbstvergessenen Lebens ist, wie Michel Henry in seinen Analysen einsichtig gemacht hat.

Denn wir haben dann nur die Möglichkeit, auf dieses Leben als immer schon vorgängiges „anerkennend" zurückzugreifen, ohne es in irgendeinem thematischen Denken namhaft machen zu können. Insofern ließe sich diese Gegen-Reduktion als die Wahrheit der Religion auch ein „Sprung" nennen. Aber es ist weder ein existentieller Sprung im Sinne des kierkegaardschen Glaubensaktes noch eine freie Willensentscheidung zur Epoché wie bei Husserl oder gar irgendeine mystische Intuition besonderer Art. Vielmehr handelt es sich um die phänomenologische Unumgänglichkeit einer *Ur-Heterogenität im reinen Erscheinen* als solchem, die zugleich eine absolute Faktizität darstellt, da es nämlich sowohl lebendiges Empfinden-Können (absolute Subjektivität) wie Nicht-Empfinden-Können (Welthaftigkeit/Objektivität) gibt, ohne diese irgendwie in ihrem Wesen miteinander vergleichen bzw. identifizieren zu können, etwa von einem gemeinsamen Seinsbegriff aus, der dann äquivok bliebe. In dieser Hinsicht handelt es sich deshalb bei der Selbstaffektion um eine „Offenbarung" absoluter Art ohne jeden satzhaft dogmatischen Inhalt, das heißt positiv gewendet:

um den phänomenologisch notwendigen „Hinweis" auf eine reine Lebenspassivität als Religionsgrund *vor* jeder partikulären Glaubenshaltung oder -bezeugung. Die entsprechend notwendige „Dekonstruktion" wäre daher die eigentliche Dekonstruktion jedes glaubenden *Erfahrungsanspruchs* im prädikativen Sinne bis in dessen reine, gegen-reduktive Lebensabkünftigkeit selbst hinein, die zugleich Sich-geben als *Fülle* ist, weil alles Tun oder jeder Vollzug als „Ich kann"-Potentialität prinzipiell in jenem göttlich transzendentalen Lebendig-sein einbeschlossen ist, und zwar ohne mein intentionales Ich-Wissen darum.

Diese Überlegungen zum Immemorialen des Lebens waren notwendig, um hier in Kürze das Verhältnis zum „Memorial" Gottes als des unvergeßbar Absoluten oder Anderen in den biblischen Schriften anzusprechen. Soll man die nicht zu leugnende Tatsache einer phänomenal notwendigen *Materialität* der Wahrheit der Religion an eine partikuläre wie spezifisch religiöse Offenbarung binden, die über „Gott" als den Unvergeßbaren Aufschluß zu geben hat? Dagegen läßt sich einerseits methodologisch einwenden, daß auf diese Weise die Phänomenologie direkt von einer Theologie abhängig gemacht würde, so wie andererseits gegen-reduktiv eben nochmals zu fragen bleibt, ob „Gott" nicht eine unmittelbar innere Selbstoffenbarung *als* sein absolutes Leben kennt, deren Voraussetzungen nicht von den welthaften Phänomenalitätsmodi wie Transzendenz, Zeitlichkeit und Außenheit (Ekstasis) gemäß metaphysischer Tradition abhängig sind, sondern in dieser Selbstoffenbarung selber ihre Bedingung haben. Kann nämlich allein ein selbstaffektives Leben letzten Endes die biblischen Schriften als authentische Wahrheitszeugnisse legitimieren, dann aus dem Grunde, weil über jede historisch feststehende Echtheit der Quellen hinaus prinzipiell phänomenologisch zu klären ist, aus welchem *Verlangen* heraus wir uns überhaupt an die Heilige Schrift wenden, um gerade in ihr das „lebendige Wort Gottes" zu ergreifen.

Bedeutet der Rückgriff auf die biblischen Schriften einen erinnernden *Anruf*, der die klassische Phänomenologie des Vergessens an eine religiöse Erfahrung über die phänomenologischen Möglichkeiten als solche hinaus verweist, dann wird eine

Metaphysik des göttlichen Geheimnisses eingeführt, deren Transzendenz nicht nur die von Husserl als Grenze gezogene Bewußtseinstranszendenz übersteigt, sondern auch das absolute Vergessen für den Menschen „spirituell" hinterfängt. Es bliebe natürlich nichts gegen eine christlich orientierte Phänomenologie thematischer Natur einzuwenden, wie sie außer von Edith Stein etwa auch von Max Scheler versucht wurde. Aber die radikale Absolutheit des Vergessens des Lebens als Bedingung der „Anwesenheit" Gottes selber ginge dabei als phänomenologische Grundmodalität verloren. Daran festzuhalten, ohne den „lebendigen" Gott außerhalb jeder Vorstellung leugnen zu müssen, ist für die rein immanente Lebensstruktur als religiöse Selbstoffenbarung ebenso entscheidend wie für das Verhältnis von transzendental passivem Mich, bewußtem Ego und empirisch reflektiertem Ich dabei. Nur letzteres besitzt ein bestimmtes *Bild* oder eine gegebene Vorstellung, an die ich mich intentional rückerinnernd in der Selbstbesinnung wenden kann. Doch bereits das absolut lebendige Ego, das mit keinem Jetzt-Zustand der „lebendigen Gegenwart" zu verwechseln ist, kann nicht mehr im eigentlich thematischen Sinne erinnert werden, so daß dieses primordiale Ego-Vergessen zugleich die Bedingung seiner transzendentalen Seinsweise ist, die diesseits solcher Primordialität und Egologie in die rein passive Lebensgabe des Mich verweist.

Und genau die Selbstvergessenheit dieser „Gabe" ihrerseits als reines Sich-geben wurzelt in der absoluten Distanzlosigkeit des ewig göttlichen Selbstzeugungsprozesses, in dem zugleich ein konkretes „Sich" als Ur-Ipseität gezeugt wird: das lebendige „Wort Gottes" als ausschließliche Selbstliebe Gottes, aus der meine transzendentale Subjektivität als ebenfalls unersetzbares Pathos des Mich ihr „Fleisch" des Empfinden-könnens bezieht. Das rein immanente Pathos des Lebens ist mithin nicht ohne „Materialität" als Bedingung einer Offenbarung, denn das lebendige Fleisch der transzendentalen Affektivität aus der Geburt des Lebens heraus ist schließlich genau das materiale Sich-selbst-Erscheinen des Erscheinens als Leben in seiner pathischen Selbstoffenbarung. Im Gegensatz etwa zu Merleau-Ponty, der gerade aufgrund der primären Leib/Welt-Verflochtenheit eine „letzte Reduktion" solcher Transzendenz ausschloß, bedeutet diese christologisch zu sehende Materialität als „Selbstumschlingung" des göttlichen Lebens in sich selber sowie zugleich als meine innerste Erprobung der Lebensaffizierung keine Andersheit, Differenz, Opazität oder irgendeine andere Nachträglichkeit, denn was affektiv pathisch in absoluter Hinsicht ertragen wird, ist die Ur-Affektion in ihrer Passibilität als solcher (Henry 1999, 100 ff.).

Es gibt für diese material phänomenologische Gegen-Reduktion als lebensphänomenologische Offenbarungsanalyse das Beispiel einer Anwesenheit, in der sich Vergessen und Nichtvergessen als identisch ineinander verschränken: Der *Schmerz* als solcher ist unvergeßlich, weil er in seiner reinen Affektion nur er selbst ist, ohne wesensmäßig in eine Vorstellung transponiert werden zu können, was nicht heißt, daß diese Versuche nicht immer wieder ergebnislos geschähen, wie gerade Nietzsche gezeigt hat. Diese reine Immanenz des Schmerzes – aber Gleiches gilt von der Freude und von jeder Art Tun – macht ihn gerade zu einem absoluten Pathos, unabhängig etwa von der äußeren, empirisch „meßbaren Stärke" des Schmerzhaften. In diesem Pathos ist das Leben ganz anwesend, ohne sich in einem lokalisierbaren Schmerzdatum oder in einer sonstigen objektiv irreellen Abstraktion davon „aussagen" zu können. Das Leben bleibt gerade in dieser *Bildlosigkeit* absolut, und dieses prinzipiell phänomenologische Vergessen seiner selbst als irgendein Bild oder als irgendeine Wortmöglichkeit der Expressivität ist die Form einer Anwesenheit, die auch nicht erinnert werden kann, weil sie sich im Schmerz, in der Freude, in jedem Affekt selbst absolut gewiß ist. Wenn diese affektive Absolutheit auf das „Wort Gottes" in der Heiligen Schrift verlangend hinlenkt, wie wir sagten, dann liegt die Rechtfertigung für die Wahrheit dieses Wortes nicht mehr in einem Text, der wie jede geschichtliche Sprache dem menschlichen Vergessen oder irreführendem Interpretieren anheimfallen kann, sondern in einem außertextlichen „Hinweis" – eben in jenem Pathos, mit dem sich das Leben selbst trägt, um sich geben zu können. Früher als jedes

Memorial eines unvergessen „Anderen" (welcher noch abstrahierende Vergleiche implizieren würde) gibt sich mithin gerade zur Bezeugung dieses Memorials als „Erinnerung" an dessen Wahrheit die absolute Anwesenheit des Lebens als nicht-erinnerbare Passivität meiner selbst, die dennoch die Fülle selbst ist, weil darin alle aufzählbaren Vermögen wurzeln.

Im zusammenfassenden Sinne läßt sich in bezug auf die historische Phänomenologie und die religiöse Epoché oder Einklammerung sagen, daß die unvermittelte Absolutheit des Lebens bzw. seine absolute Identität von Form und Gehalt als Selbstoffenbarung nur das Leben Gottes selber sein kann, das sich auch nach theologischer Lehre aus sich allein sowie in sich und für sich selbst zeugt, um nichts anderes als „sich selbst" im Umgang mit den Menschen zu offenbaren. Eine gegen-reduktive Phänomenologie des radikalen Vergessens kann so „Gott" in dessen Selbstoffenbarung „thematisieren", ohne sich dabei einer bestimmten Onto-Theologie oder Gnosis unterwerfen zu müssen, sondern diese vielmehr prinzipiell unterläuft, da es keinen originären Pakt mehr zwischen Denken/Sein bzw. Erkenntnis/Heil gibt. Besorgnis hinsichtlich einer unstatthaften Überschreitung der Phänomenologie transzendental empirischer Natur schöpft mithin nicht alle Möglichkeiten der Phänomenologie an sich aus, was offensichtlich gegen das Phänomenologieprojekt als solches steht, sofern nach Heideggers Bemerkung aus „Sein und Zeit" (§ 7c) die historisch erreichten Möglichkeiten der Phänomenologie keineswegs ihre letzten sein müssen. So wie gewiß ist, daß Gott allein uns an ihn glauben lassen kann, so gewiß ist auch, daß Er unser eigenstes Fleisch bewohnt, welches des „absoluten Lebens" fähig ist – und dieses Fleisch ist die urimpressionale, un-gegenwärtige Affektivität der Phänomenologie als ihr „Objekt" nicht zu leugnender „Präsenz" (Kühn 2003b).

Wäre Gott bloß ein ontologischer oder metaphysischer Begriff, so läge er im Wettstreit mit anderen Begriffen im (Seins-)Horizont dieser Welt, aus der keine Reduktion herausführt, solange sie „Reduktion von ..." bleibt. Als selbstaffektiver Grund des absoluten Lebens ist Gott hingegen der Lebendig-Absolute selbst, in dem alle Lebendigen ihre Geburt haben, so daß er keinem Lebendigen „fern" sein kann und die Offenbarung „anderswo" stattfinden müßte, insoweit jede Affektion ohne mögliche welthafte oder transzendente Grenzziehung in ihrer lebendigen Selbstaffektion besteht. Damit „ist" das Leben nicht „alles, was ist", um ein neues metaphysisches Prinzip oder induktives Paradigma zu etablieren, sondern es beinhaltet vielmehr das immanente Werden jedes „Dies-ist" und jedes hermeneutischen „Als" sowie die Möglichkeit, daß sich dieses Pathos meines Lebens als jenes des absoluten Lebens in seiner Selbstoffenbarung – zu seiner „Zeit" – auch „bewußt" erweist. Eine solche Gegen-Reduktion muß weder Gott noch die Welt im begrifflichen Sinne definitiv auslöschen oder vernichten. Vielmehr eröffnet sich für diese Gegen-Reduktion in der Epoché aller Meinungen, Wissenschaften und Traditionen einschließlich deren epistemologischer Kategorien ein unendlich neues Arbeitsfeld, nämlich ein tatsächliches *Leben-für-die-Welt* sowie eine *Welt-für-das-Leben*, weil nur *ein* phänomenologisches Leben existiert, das sich in allem *gibt*, weil es göttlich ist und niemals – im Unterschied zur Wahrheit der Welt – aufgrund seines Pathos indifferent sein kann.

IV. GESCHLECHT UND LEBENSALTER

wegrand-texte

ROSWITHA MAYR

Zur Einstimmung
„wegrand-texte" beschreiben das Suchen und Finden, das Wiederfinden von Verlorenem bzw. in der Kindheit Geraubtem.
Das, was geraubt, genommen wurde, fehlt schmerzlich und
droht das Leben in einen Abgrund hineinzuziehen, in einen
Schmerz, der immer größer und tiefer wird.
Aber es sind auch Texte vom Wiederfinden, wobei sofort
spürbar wird, daß dieses Finden einen Kampf, harte Arbeit und
größte Anstrengung bedeutet; der Weg ist mühsam, kein Spa-
ziergang. Die hier wiedergegebenen Texte sind eine Auswahl
aus der Gesamtheit von insgesamt neunzig geschriebenen Ein-
zeltexten, wobei ihre fortschreitende Bewegung eine solche in
drei Zyklen darstellt: *meine lebenskreise ziehend − mir selbst auf der
spur − erschließt sich mir zyklisch mein sinn*
So betrachtet, sind die folgenden *wegrand-texte* gerade auch
Zeugnisse von der „Trotzmacht des Geistes" und vom „Willen
zum Sinn". Diese Trotzmacht ist das unbedingte Ja zum Leben,
zu mir selbst, und Sinn bedeutet ja auch soviel wie „unterwegs
sein", eine Reise unternehmen. Eine Reise, zu der es viel Mut
und Geduld braucht und Begleitung.
Der Schmerz scheint zunächst der einzig ständige Begleiter
auf dieser Reise zu sein. Er ist aber auch jene Energie, die
drängt, den ganzen Weg zu gehen − zu sich selbst wie zu den
Anderen. Diese Texte leben so aus einer äußersten Tiefen-
schicht der Seele, aus personalem Grund, zu dem wir zwar den
Zugang für einige Zeit scheinbar verlieren können, der uns
Menschen als lebendigen Individuen aber letztendlich nie genommen werden kann.
Demzufolge leben die Texte aus einer Hoffnung, die ihre
eigene Stärke besitzt. Dabei haben auch Wut und Trauer ihren
notwendigen Raum, denn sie gehören zum lebendigen Suchen
und Finden dazu. Nichts ist deshalb beschönigt, so daß die

Texte an den Kern des Menschseins selbst heranreichen, auch an den des Schmerzes, und zeigen auf diese Weise den langen mühevollen und doch sinnvollen Weg zum Heilwerden. Und manchmal ist es dabei gut, am Wegrand zu verweilen, um wieder Orientierung zu finden.

Hier schreibt jemand, der die Existenzanalyse und Lebensphänomenologie von innen her kennt, und so kann sich jeder Leser diesen Texten anvertrauen, da sie eine spürbare Einladung zu solchem Vertrauen in das reine Leben sind. Die gelesenen Texte können mit anderen Worten heilsame Kräfte entfalten, denn sie sind wie Sterne auf dem Weg durch die Nacht zum Tag.

Günter Funke

schmerzstarr

rotwunder schmerz
bahnt sich
seit kindheitstagen
einen weg nach außen
doch dort
verstummt er
kältestarr
zum unhörbaren schrei
der sich nicht mehr
von den lippen löst

*

rinnsal-leben

träge
tropft dein leben
durch die zeit

die wirklichkeit
nur dünner schatten
der sich auflöst
in dem nebelgrau

und doch
du kämpfst noch
gegen die umarmungen
des nichts

umsonst

kein mühen scheuend
arbeitest du an dir
tag für tag
nacht um nacht
auf dass du
wenn schon nicht
vater noch mutter
so doch irgendwann
irgendwen überzeugst
dass du es wert bist
dein leben

*

läuterung

immer wieder fallen
durch das tor des nichts

durchwandern
die wüste des todes
wo alle begierden verdorren

einkehren
beim gott der tiefe
dessen auge
nichts sterbliches hält

zu grunde gehen

einsickernd
in den boden
meiner wirklichkeit
lasse ich zurück
was mich mir fremdet

atme freier
schicht um schicht
bis irgendwann
ich wiederfinde
in wärmendem lichte
mich

*

lebenskind

selbst sie ist
geliebtes kind
wenn nicht von
vater, mutter, bruder
so doch gewollt

vom ursprung
ausgesandt
mit unverbürgtem
recht auf
leben

paradies

immer wieder
ersehnt

den glauben daran
fast verloren

und nun doch
erreicht
den ort
an dem
kein unheil mehr
mir droht

*

höhentiefen

endlich, endlich
fliegend fließen
keine angst mehr
vor den höhentiefen
da immer wieder
ich mich finde
in dem leben
das mich trägt

sein lassen

lasse zu
und
liebe weiter
denn im kämpfen
gegen das
was ist
raubst du dich dir
und leben

*

l(i)eben

die liebe
die du suchst
kommt nicht
von ihm
von ihr
sie entströmt
dem leben
atmet alle
so auch
dich

Angst und Begehren im erotischen Verhältnis

Britta Mallinger

1. Das Pathos der Angst: eine Annäherung über Kierkegaards Angst-Begriff

Wenn man sich dem Verhältnis von Angst und Begehren phänomenologisch nähern will, bietet sich Kierkegaards Werk „Der Begriff Angst" aus mehreren Gründen an. Nicht nur vollzieht Kierkegaard seine dialektische Analyse unter Anerkennung des Pathos als in sich selbst eigener Wirkmächtigkeit. Vielmehr führt er durch seinen Ausgang von der Beschreibung des Zustands der Unschuld eine gegen-reduktive Situation ein, die es erlaubt, die Angst als geistiges Phänomen in ihrer affektiven Seinsweise vor den Blick zu bringen. Kierkegaards bedeutende Intuition liegt darin, die Angst an die Freiheit und die Freiheit an das Können sowie in eins damit an den Vollzug der „Bewusstwerdung" der Individuation zu knüpfen. Obwohl Kierkegaards Terminologie einem klassischen Denken verpflichtet ist, wollen wir uns von seinen Begrifflichkeiten nicht täuschen lassen. Dass er den Menschen als Synthese von Seele und Leib getragen von Geist, mit anderen Worten dialektisch versteht, meint nicht, ihn abstrakt denken zu müssen. Die Dialektik liegt nicht so sehr im Denken des Denkens, sondern im Setzen des Geistes als ein affektiv sich Phänomenalisierendes.

Um dieser Phänomenalisierung in ihrer Konkretheit und Ungegenständlichkeit – so, wie sie sich an sich selbst zeigt – gewahr zu werden, versetzen wir uns mit Kierkegaard in diejenige Situation, in der sie vor sich selbst kommt. Ausgangspunkt der Analyse ist ein Hineinversetzen in einen Zustand, den jede Subjektivität einmal gelebt – und verloren hat. Es ist dies eine Situation, gekennzeichnet durch eine radikale Unwissenheit. Radikal, weil diese Unwissenheit die Unwissenheit selbst betrifft – sie weiß sich nicht. Sie weiß sich weder als Geist noch als Handelnde, noch kennt sie sich in ihrer leiblichen Bestimmung, welche eine geschlechtliche ist. Hinsichtlich ihres phänomenologischen Status' ist die Unwissenheit allerdings nicht unwirklich, ganz im Gegenteil. Ihre Wirklichkeit ist vielmehr pathische Unmittelbarkeit, und alles, was später für den Geist im Modus des Welterscheinens erscheint, macht in jedem Augenblick bereits die Erfahrung mit sich selbst. Die innere Genese jeder Subjektivität kennt den Zustand der Unschuld, wie Kierkegaard diese Situation bezeichnet. Und jede menschliche Existenz kennt den Verlust dieses Zustandes, mag sie ihn auch nicht mehr erinnern. Denn er „war der Augenblick des individuellen Lebens", unendlich entflohen und doch unendlich angenähert im Pathos der Angst (1984, 89).

Jener Augenblick ist identisch mit dem Akt der Konstituierung der Individualität als leib-seelischer Einheit, getragen von Geist. Der Geist versucht sich selbst als Selbst-Verhältnis zu setzen und „durchdringt" sich dabei „unterscheidend" in seinen Momenten von Seele und Leib (ebd. 50). In dieser seiner Wahrheit als Einzelner entdeckt sich der Geist als Freiheit. Sie erscheint dem Menschen allerdings nicht als Denkkategorie, sondern als Vollzugsmöglichkeit: als die Möglichkeit zu können. Nicht als die Möglichkeit, dies oder jenes zu tun, „König oder Kaiser oder eckenstehender Proklamant der Gegenwart zu werden", wie Kierkegaard sagt, sondern die Wirklichkeit der Freiheit erscheint als „Möglichkeit für die Möglichkeit" (ebd. 118 u. 42). Und letztere tritt in ihrer tiefsten Implikation auf: dass sie bedeutet, als diese synthetische Einheit von Seele und Leib in einem unverbrüchlichen Band an sich selbst gebunden zu sein – und dies, solange man lebt. Die Mächtigkeit des Erlebens der Freiheit als unendliche Möglichkeit zu können phänomenalisiert sich zusammen mit ihrer transzendentalen Bedingung: mit der Ohnmächtigkeit, vor sich selbst nicht fliehen zu können. Anders gesagt, besitzt das Können, weil dieses Können die Leiblichkeit als seinen Vollzugsmodus erfährt, keine Möglichkeit, der geschlechtlichen Bestimmung auszuweichen. Die Konstituierung der Synthese ist also weder ein abstraktes noch ein evolutives Geschehen; es ist eine Auf-gabe. Das heißt ein Tätigwerden der Freiheit, welche deshalb so innig mit dem Menschen als leiblichem Individuum verbunden ist, weil es als geistiges Tun ebensosehr ein affektives Geschehen ist – es ist ein Handeln im Pathos der Angst.

Das Können zu können zeigt sich nicht als etwas, das sich als Vorstellung vor dem Blick eines Denkenden entwirft, wodurch der Einzelne vermögend wäre, sein Tun abzuwägen oder zu verwerfen: „Was er eigentlich kann, davon hat er keine Vorstellung [...]. Nur die Möglichkeit zu können ist da, als eine höhere Form von Unwissenheit, als ein höherer Ausdruck von Angst, weil es in einem höheren Sinne ist und nicht ist, weil er es in einem höheren Sinne liebt und flieht." (Ebd. 45) In diesem Geschehen also, in dem die Möglichkeit der Freiheit mit der Angst und die Angst mit der Möglichkeit der Freiheit wächst, so daß beide pathischen Weisen des Sich-selbst-Erscheinens ineinander verstrickt sind, wird die Freiheit ohn-mächtig – und geht zum Akt über. Diesen letzten und in gewissem Sinne ersten Akt des unschuldigen Menschen im Zustand der radikalen Unwissenheit, nennt Kierkegaard den „Sprung". Dieser Begriff (als Kategorie) deutet auf das Paradox der sich phänomenalisierenden Freiheit hin: in eins mit dem Niedersinken vor sich selbst vollzieht sich eine Selbst-ermächtigung im Akt, welche darin besteht, dass sich fortan jedes Können oder Tun für das Individuum als Ich-kann phänomenalisiert, mit anderen Worten sich das Selbst von nun an mit seinen ihm verliehenen Vermögen als identisch erlebt. Die Errichtung der „transzendentalen Illusion" dabei (Henry 1999, 196 ff.), durch die das Subjekt das, was ihm zu können gegeben ist, sich selbst als diesem Ego zuspricht, ist keine Illusion hinsichtlich ihres Gehaltes. Illusionär ist nicht der Vollzug des Ich-kann selbst, ist nicht die Tatsächlichkeit des Könnens zu können, ist mithin nicht die Freiheit des Ich-kann. Illusionär ist vielmehr die mit dem Empfinden der Mächtigkeit dieses Könnens einhergehende Versuchung für das Ego, diese Mächtigkeit in Besitz zu nehmen und sie in eine Selbst-ermächtigung zu verwandeln; sich als Zentrum all der Vermögen zu verstehen, als das es sich erlebt.

Verbunden mit dieser Erfahrung ist eine radikal neue Art der eigenen Leiberfahrung. In Kierkegaards Diktion muss das Sexuelle als jener „ungeheure Widerspruch" gesetzt werden,

„daß der unsterbliche Geist als genus [Geschlecht] bestimmt ist" (1984, 73). Das Sich-Erfahren des Leibes in der Unschuld war eine rein sinnlich-sensuelle, „primordiale Sensualität" (Henry 2002, 316), das heißt sich gegeben in der immanent-fleischlichen Realität des Pathos, in der jedes der Vermögen des Leibes sich an sich selbst gibt und somit an sich selbst erscheint. Danach ist die Unschuld jedoch durchzogen von einer radikalen Differenz und Bestimmung: Das Sinnliche erscheint in seinem „Extrem", nämlich als das Sexuelle im Sinne Kierkegaards (1984, 50). Der Geist nimmt sich plötzlich wahr als objektiver Körper, dessen geschlechtliche Besonderheit (neben seinen Gliedern, Organen und sonstigen Gestaltungen) „nichts mehr mit dem zu tun [hat], was die Seele ursprünglich selbsterprobend erfährt" und sie in diesem absurden Paradox maßlos ängstigt (Henry 2002, 316).

Natürlich hört der Geist, weil er sich selbst als Seele und Leib unterscheidend durchdrungen und im Schwindel der Freiheit durch den Sprung sich selbst als Ich-kann und als weiblich/männlich gesetzt hat, nicht auf, sich in sich selber sensuell zu erfahren. Weil unser objektiver Körper von einer lebendigen Materialität (oder vom Fleisch) bewohnt wird, ist er kein Dingkörper. Unser objektiver Körper ist aber auch nicht ein solcher, dessen Lebendigkeit sich auf die Sphäre von Intentionalitätsbedeutungen reduzierte, beispielsweise auf diejenige, welche ihm die Bedeutung eines empfindsamen, eines beweglichen Körpers verliehe. Unser objektiver Körper ist in Wirklichkeit empfindsam als auch beweglich und bleibt es, solange er lebendig ist. Unser Leib ist in diesem Sinne ein „magischer Gegenstand" für Kierkegaard (1984, 50), von einer phänomenalen Duplizität durchzogen, durch die dem Einzelnen die Möglichkeit gegeben ist, in der Berührung eines Leibes auf spezifische Weise mit seiner lebendig-subjektiven Sensualität in Kontakt zu kommen, die sich niemals an der Oberfläche dieses Leibkörpers zeigt (dort, wo er berührt wird).

Nur von hier aus und unter diesen Voraussetzungen ist phänomenologisch das Begehren und in der Folge das erotische Verhältnis zu verstehen. Das erotische Verhältnis nährt sich vom Zusammenfluss beider Quellen der Angst: vom Ich-kann des Möglichen und von der Absurdität der geschlechtlichen Bestimmung. Was sich dem Ego des Ich-kann als möglich erweist, besteht darin, den Anderen in seiner Sensualität zu erreichen, bzw. durch den Anderen in ihr erreicht zu werden; dort, wo die Sensualität sich in ihrem Extrem ausdrückt: im geschlechtlichen Unterschied. Dieses Können (des Berührens bzw. Berührt-werdens) ängstigt, weil es die Möglichkeit bedeutet, das Geistige im Leib des Anderen berühren zu können, bzw. sich in der individuell-sensuellen Erfahrung der eigenen Leiblichkeit dem Anderen preisgeben zu können, die je spezifische Sensualität zu erproben, so wie diese sich selbst erfährt. Dies ist der Augenblick, in dem sich die Angst durch ihre Verdoppelung in sich selbst steigert und das Begehren hervorbricht. Weil das Begehren seine Möglichkeit in der Angst findet, produziert es in all seinen Modalisierungen, Verästelungen und Spielen, in der Gesamtheit der Beziehungen, die es bestimmt oder anleitet, eine Welt, eingetaucht in eine spezifische Tonalität: „Die Welt des Begehrens ist die Welt der Angst." (Henry 2002, 319)

2. Die gegen-reduktiv sich gebende „Nacht der Liebenden" – oder die beiden Ego der phänomenologischen Beschreibung

Wir wollen nun für das erotische Verhältnis eine ähnlich gegen-reduktive Situation zu beschreiben versuchen, wie Kierkegaard dies für den Zustand der Unschuld tut. Wir werden uns dabei auf das dem fleischlichen Ego in der Lebensimmaenz sich gebende Begehren beschränken, so wie es sich an sich selbst ursprünglich phänomenalisiert.

Im Phänomen des erotischen Verhältnisses ängstigt sich das transzendental-fleischliche Sich durch die Entdeckung seiner geschlechtlichen Besonderung und wird dadurch radikal bestimmt. Gleichzeitig befindet sich das bedürftige Sich in der Verdoppelung der Angst dem Ich-kann gegenüber ausgeliefert, und zwar als passiv sich gebender Kraft dieses Begehrens. Deshalb versucht das Sich, den Anderen „in dessen eigenem Leben" zu erreichen, bzw. vom Anderen in diesem erreicht zu werden (Henry 2002, 328). Hierdurch erhebt sich die Frage, wie sich die beiden Ego der Beschreibung im Geschlechtsakt (das sich in der immanent-pathischen Erfahrung weiblich gebende sowohl wie das sich männlich offenbarende Ego) an sich selbst phänomenalisieren. In der Nacht der Liebenden (ebd. 314-342) phänomenalisiert sich im Pathos des Ich-kann das Begehren der beiden Ego in unterschiedlichen Modalisierungen. Genauer gesagt: die in der Historialität des Pathos sich gebenden Modalisierungen des Lebens in der leiblichen Umschlingung eines Paares wechseln sich nicht nur ab – tauschen sich nicht nur in ihren Triebbewegungen bis zu jener Grenze des sensuellen Ich-kann im Sinne des Berührens/Berührt-werdens aus –, sondern sie haben ihren phänomenologischen Anfang in unterschiedlicher Weise.

Dasjenige affektiv-fleischliche Sich, welches sich selbst als weibliches be-eindruckt und sich in immer intensiver werdenden Kaskaden weiterhin bis zum Höhepunkt der Lust als solches beeindruckt, wird berührt, indem es sich als die Berührte, als Be-eindruckte erlebt. Das andere Sich hingegen, welches sich im Pathos des Männlichen selbst umschlingt, erlebt sich in dieser affektiv-geschlechtlichen Modalisierung, indem es berührt. Es wird berührt, indem es berührt, während die sexuell sich gebende Triebbewegung der Frau berührt, indem sie berührt wird. Wir verwenden hierfür den Ausdruck „Nacht der Liebenden" in Anlehnung an M. Henry, der ihn für die lebensimmanent sich phänomenalisierende Erfahrung der Triebbewegungen in der geschlechtlichen Vereinigung gebraucht (ebd. 331). Er differenziert allerdings nicht im gleichen Ausmaß zwischen dem weiblichen und männlichen Ego des Ich-kann im erotischen Verhältnis, wie wir des weiteren tun wollen.

Das Begehren gibt sich in seiner phänomenologischen Struktur als pathisch-sensuell gegründete Veräußerung eines Außen; es will, was über es hinausgeht. Das Begehren des Mannes tonalisiert sich, anders gesagt, in einer Bewegung des „Hinzu", in einem „Dort-hin", welches sich im Erscheinen der Welt gibt und sich in einem Außer-sich zeigt, eben in dem, was als der Leibkörper des Anderen erscheint. In diesen will die Triebbewegung vordringen, diesen will letztere berühren, eben „dort", wo das Leben des Anderen sich in sich selbst – in seinem originären Fleisch – erreicht (ebd. 332). Der Trieb der Frau richtet sein primordiales Begehren indes nicht auf die Bewegung hin zum Anderen, sondern verbleibt auf eine spezifische Weise in sich: Sie empfängt den Trieb, indem dieser sich ihr so gibt, dass sie in ihrem leiblich-Innerlichsten berührt werden will. Jenes „Außen", welches als Sensuelles nur der Andere sein kann, gibt sich ihr, während sie in einer Passivität verbleibt – welche, unnötig zu sagen, dieselbe Dignität wie die Aktivität hat. Denn: „Kein Objekt hat jemals die Erfahrung gemacht, ein Objekt zu sein. Die Möglichkeit des Berührt-werdens ist eine absolut transzendentale Möglichkeit, welche jener des Nehmens und Berührens symmetrisch ist." (Ebd. 325)

Die Frau empfängt sich als geschlechtlich bestimmt, indem sie erfahren muss, dass sie nicht von sich aus dazu imstande ist, sich in sich selbst zu berühren. Das Außen der Welt gibt sich ihr zuerst nicht, indem sich ihr Begehren in einer Bewegung hin zum Anderen zu erfüllen sucht. Vielmehr hat sie Zugang zum Anderen, indem sie sich in ihrer Sensualität an sich selbst so offenbart, dass sie berührt werden will. Der Mann macht diese Erfahrung ursprünglich nicht. Denn ihm offenbart sich das Begehren anfänglich als Berühren-wollen des Anderen; das heißt, sie in ihrem Innersten zu berühren – dort, wo sich ihr Fleisch an sich selbst gibt – dies ist es, was sein Begehren will. Dass der Mann durch die Erfüllung seines Begehrens, im Vollzug der geschlechtlichen Vereinigung, sich selbst berühren wird und sich folglich als ein solches Sich wiederfindet, das berühren muss, um berührt zu werden, unterscheidet die ursprüngliche Phänomenalisierung seines Begehrens von jener der Frau, welche berührt werden will um zu berühren. Dies stellt in keiner Weise in Frage, dass in der sensuell-sinnlichen wie dynamischen Kommunikation während der Phasen der geschlechtlichen Vereinigung im Geschlechtsakt beide transzendental-fleischlichen Leiber sich im Berühren und Berührt-werden abwechseln und dass sowohl die passive als auch die aktive Modalisierungsbewegung des Triebes von beiden in Anspruch genommen werden kann. Denn es geht hier um die Beschreibung der ursprünglichen Weisen, wie sich das Begehren an sich selbst phänomenalisiert.

Für eine radikale Phänomenologie des geschlechtlich bestimmten Leibes ist es deshalb wahr, dass die Frau passiver ist, auch wenn dies heute im verwirrten gesellschaftlichen Diskurs zu leugnen versucht wird. Es wird zu Recht geleugnet, wenn das Passiv-Sein der Frau als ein passives „Verhalten" im Geschlechtsakt verstanden wird; welches Verständnis sich nur in dem bewegt, was sich im Erscheinen der Welt vor dem Blick auftut – vor einem patriarchal-ideologischen Blick überdies. Der Triebbewegung des Begehrens gegenüber sind beide, sowohl das Ich-kann des Mannes als auch das der Frau, passiv – ihrer beider Geist sinkt angesichts der Verdoppelung der Angst nieder. Aber die Frau ist doppelt passiv insofern, als sich in ihr die Triebbewegung selbst so phänomenalisiert, dass sie sich in unendlich ursprünglicherer Weise als Berührte zu empfinden vermag; sich ihr dieses Können, berührt werden zu können, intensiver gibt. Die Frau ist daher sensueller als der Mann. Kierkegaard wußte darum, ohne dies für sich selbst auszuführen, wenn er feststellt, die Frau sei sinnlicher als der Mann. Weil sie sensueller ist, ist auch ihr Vermögen der Angst größer. Folglich hat, was sich ihr zu können gibt – die Möglichkeit zu können –, eine größere material-sensuelle Tiefe (1984, 68).

Das sexuelle Können des männlichen Ich-kann hingegen macht in intensiverer Weise die Erfahrung der Mächtigkeit dieses Könnens. Dieses Gefühl durchzieht im übrigen die gesamte gegen-reduktive henrysche Analyse des erotischen Verhältnisses, die vom sich phänomenalisierenden immanenten Erleben des männlichen Ego des Ich-kann dominiert ist: „Wird er versuchen, dieses Fleisch dort zu empfinden, wo es sich selbst empfindet, wo dessen Sensualität am lebhaftesten ist, in seinem geschlechtlichen Unterschied? Wird er es ‚nehmen' und sich seiner bemächtigen? [...] Was die Phänomenologie des Fleisches aufgewiesen hat, besteht darin, daß eine solche Macht kein bloß faktuelles Können ist, welches jedes Fleisch zu jedem Augenblick in sich erfährt. Was es in Wirklichkeit ständig in sich selbsterprobend erfährt, ist die Fähigkeit, zu können." (2002, 317 f.) Das sich gebende Empfinden der Mächtigkeit des Könnens beim Mann paart sich im pathischen Erleben des männlichen Einzelnen allerdings auch mit dem Erleben der Passivität seinem eigenen Begehren gegenüber. Und solches Erleben kann sich überdies in ein intensives Gefühl der Ohnmacht wandeln, sobald die Erkenntnis sich einstellt, dass es nicht gelingt, die weibliche Andere dort zu erreichen, wo sie sich selbst erreicht: in der Immanenz des Lebens, in der Selbst-Umschlingung ihrer originären Sensualität. Ihre material-pathischen Modalisierungen verbleiben nämlich rein in sich – mit anderen Worten: sie be-eindrucken sich weiterhin nur dort, wo sie sich geben: im leiblich-lebendigen (fleischlichen) Sich der Frau in diesem Fall. Die transzendentale Illusion der Mächtigkeit des Ego kann allerdings im Mann angesichts seiner spezifischen pathischen Erfahrung im erotischen Verhältnis tiefer, stärker sein, und die Desillusionierung folglich belastender. Die Möglichkeit für das männlich bestimmte Sich der Immanenz, für sein Ich-kann, oder vielmehr gerade hier für das Ego dieses Könnens, den Körper der Frau gewaltsam „zu nehmen", ist dementsprechend vielleicht auch Ausdruck dieser Desillusionierung, wenn sie in Hass umschlägt.

Was folglich als die Tragik des Begehrens bezeichnet werden kann, ist sein Misslingen. Die Triebbewegung des einen transzendental-fleischlichen Leibes stößt an die eigene innere Grenze des eigenen Könnens, welche sichtbare Grenze der äußere Körper als eigener Leibkörper bildet. Jedoch ist der eigene Leib in der pathischen Erfahrung keinesfalls diese letztere Grenze selbst, sondern vielmehr als „jene praktische Grenze meines Ich-kann, welche innerlich von ihm erlebt wird und wie dieses selbst unsichtbar ist" (Henry 2002, 229 f.). Was also als Grenze erfahren wird, besteht darin, daß sich das Ich-kann immer nur selbst an sich selbst zu geben vermag und sich weder an den Anderen weitergegeben kann noch im Anderen erreicht wird. Aber gerade dies bildet die material-phänomenologische Möglichkeit für das Begehren, sich in sich selbst zu steigern. Gerade weil dem Begehren das von ihm Begehrte nicht reell gegeben ist, sich immer „über das Gegebene hinaus hält", kann es sich als solches erfüllen:

„*Was begehrt wird, ist dieses Fleisch. Gerade weil es sich nicht im Da-sein als Dort-sein des Dingkörpers zeigt, wird es und kann es begehrt werden. Auch die an das Begehren gebundene Angst entstammt keineswegs dem objektiven Da-sein eines Körpers, der im Dort-sein auf seine Objektivität reduziert wurde. Sie erhebt sich aus einem Leib, welcher von einer primordialen Sensualität und Sündigkeit durchzogen, von einem Fleisch bewohnt wird [...]. Nur ist eben das Fleisch, welches aus dem Dingkörper einen sensuellen Leib werden läßt, begehrenswert wie begehrend und sich ängstigend, keine irreell-noematische Bedeutung. Es gibt einen Zirkel der Realität. Nur ein reelles Fleisch [...] ist imstande, ein reelles Begehren, eine reelle Angst entstehen zu lassen; ein reelles und lebendiges Fleisch, welches sich in der Selbstimpressionalität des Lebens offenbart, niemals aber im Außer-sich der Welt.*" (Ebd. 341 f.)

Wie geben sich nun die beiden Ego der Beschreibung des erotischen Verhältnisses im Leben oder/und in der Welt? Die Nacht der Liebenden, die geschlechtliche Vereinigung, zeigt sich, insofern sie ein Handeln darstellt, im Erscheinen der Welt; im Raum der letzteren findet sie ihre Verwirklichung. Aber die radikale Zäsur, die sich vollzieht, wenn der eigene Leib sowohl wie der des Anderen für jedes der beiden Ego zum sensuellen Leib wird, das heißt zu einem Leib, der fähig ist, auch für den jeweils Anderen des Verhältnisses zu empfinden und berührt zu werden – diese Zäsur phänomenalisiert sich niemals in der Transzendenz der Welt, sondern ist ein in der pathischen Immanenz des Lebens sich gebendes Können (zu können). Dass der Leib des Anderen für das Denken die Bedeutung erhält, ein sexueller, erregend-sinnlicher Leib zu sein, stellt sich abhängig von der Erfahrung dieses Könnens ein, welches sich also bereits schon an sich selbst gegeben haben muss, um diese Bedeutung zu erhalten. Folgendes führt daher zu einer zweiten Verdoppelung der Angst: Einerseits die (illusorische) Mächtigkeit dieses Könnens, den Anderen zu berühren, dort, wo er sich in der pathischen Umschlingung selbst als dieses sexuell sich be-eindruckende Fleisch gegeben ist, und die entsprechende Angst, dies zu tun. Andererseits für das weibliche Ego jene Angst, sich durch das Berührt-werden-können durch den Anderen selbst in ihrem geschlechtlichen Sein beeindrucken zu können, unabhängig vom eigenen Tun, und die (zwar illusorische, aber reell vom Ego empfundene) Mächtigkeit, durch dieses Berührt-werden-können den Anderen in seinem sexuell bestimmten fleischlichen Sich zu erreichen:

„Die Verdoppelung der Angst bedeutet dann nicht mehr bloß, daß sich zur Angst vor ihrer Freiheit jene weitere Angst für den Geist hinzufügt, ebenfalls dieser Körper zu sein, der in der Welt mit seinen objektiven und geschlechtlichen Gestaltungen da ist. Die Verdoppelung will besagen, daß sich diese verdoppelte Angst in jedem dadurch verdoppelt, daß sie die des Anderen ist, eines jeden der beiden Liebenden oder derjenigen, die der Versuchung anheimfallen, es zu werden. Denn für jeden eröffnet sich die gähnende Möglichkeit, den Anderen am ‚empfindsamsten' Punkt seines Leibes zu berühren; dort, wo seine Geschlechtlichkeit ihr Höchstmaß erreicht – ‚dort' (là), das heißt an seinem eigenen Dingkörper, so wie er sich in der Welt zeigt. Und diese Möglichkeit ist ohne weiteres auch, auf dieselbe Weise berührt zu werden; dort, auf dem Da-sein (etre-là) dieses Körpers." (Ebd. 337 f.)

Das Geschehen der sexuellen Vereinigung ist so eng mit der Duplizität des Erscheinens verwoben, weshalb seine phänomenologische Analyse nicht ohne die Anerkennung dieser Duplizität gewonnen werden kann. Berührt wird mein Leib oder der Leib des Anderen, aber das Können dieses Berührt-werdens oder des Berühren-könnens verdankt sich in keinem Punkt seines Vollzugs dem Erscheinen dieses Leibes in der Welt, sondern ist ein Vermögen, das sich in der Immanenz des Pathos des Lebens gibt: die Realität sowohl des Berührt-werden-könnens als auch des Könnens, zu berühren, gibt sich nur „dort", im Akosmismus dieses Lebens, der Selbstumschlingung dieses endlich-„sündigen" Fleisches, welches ich bin. Aber nicht nur dies ist festzustellen. Nicht nur wie, sondern auch was berührt wird, ist kein Dingkörper, sondern „die

172

praktische, unsichtbare Grenze eines Könnens, welche von ihm bewegt, aktiv entfaltet oder passiv erlitten wird, um auf diese Weise in ihm, durch dieses Können, und zwar einzig durch dasselbe, im Berühren [und Berührt-werden] erprobt zu werden" (ebd. 340).

Das gesamte sexuelle Geschehen ist von einem Paradox durchzogen, das sich durch die Duplizität des Erscheinens ergibt und dessen pathischer Ausdruck die Angst ist. Das Paradoxon dieses phänomenologischen Ur-Faktums liegt darin, dass sich beide Leiber, in einem tieferen Sinne aber noch der transzendental-fleischliche Leib der Frau, obwohl sie sich in Wahrheit nur im Leben zu geben vermögen, sich im Erscheinen der Welt ganz schenken müssen, um dies zu tun. Um ihrem Begehren in der Anstrengung oder Steigerung seines Könnens die Lust zu verschaffen, die es verlangt, müssen sie sich schenken, jeder seinen Leib hingeben, im Grunde: seine Freiheit, so wie auch Henry bemerkt: „Sich geben' heißt, einen Körper an dem Ort zur Schau zu stellen, wo der Andere ihn in der Tat wird erreichen können, heißt ihn dazu einladen, es zu tun; vor sein Begehren diesen faszinierenden Leib hinzustellen, der die Möglichkeit in sich birgt, in ihm jene Empfindungsreihen entstehen zu lassen, welche sein Leben selbst sind: das geheime Leben dessen, der seinen Leib gibt und auf diese Weise nicht nur seinen Leib gibt, sondern diese Gabe selbst − seine Freiheit." (Ebd. 339) Die transzendentale Illusion des transzendentalen Ego des Mannes vollzieht sich darin, dass er seine Freiheit zu können im erotischen Verhältnis aktiv in Anspruch nimmt, während das weibliche Ego dieses Verhältnisses dieses Können zuerst an-nimmt, sich in dieser Annahme aber des Könnens des Anderen bemächtigt. Der Mann ergreift sein Können und darin diesen Leib dort, vor seinem Blick; aber gerade mit jedem Augenblick des Vollzugs seines Könnens schwindet seine Freiheit um das Ich-kann der Frau entgegenzunehmen, dessen Mächtigkeit darin besteht, den Anderen spontan zu berühren, indem es in sich selbst berührt wird.

Vom Altern – wieviel Sicherheit verträgt die Freiheit?

Günter Funke

Zunächst wird es darum gehen, das Verhältnis von Freiheit und Sicherheit etwas grundsätzlicher zu klären, um so eine gute Grundlage für das praktische Bedenken des Themas zu gewinnen. Stehen Freiheit und Sicherheit in einem konstruktiven Verhältnis, in dem sie sich gegenseitig fördern und steigern? Kann Sicherheit Freiheit geben? Oder gibt Freiheit mehr Sicherheit? Raubt Sicherheit der Freiheit ihren Raum? Kann Freiheit überhaupt Sicherheit geben, oder ist die Freiheit eher grundsätzlich der Raum der Offenheit – also auch einer gewissen Unsicherheit? Und welche Dynamik entwickeln Freiheit und Sicherheit beim Älterwerden des Menschen?

1. Zum Verhältnis von Angst und Freiheit

Der bedeutende Existenzphilosoph Sören Kierkegaard hat ein sehr spannungsgeladenes Verhältnis von Freiheit und Sicherheit ausgelotet und beschrieben sowie die Angst mit ins Spiel gebracht. „Angst ist der Schwindel der Freiheit", so hat er formuliert; ein Gedanke, der auch von Viktor E. Frankl in seiner Existenzanalyse aufgenommen und therapeutisch bedacht wurde. Dieser wichtige Aspekt wirft ein ganz neues Licht auf die Thematik und auch auf die Praxis, wie wir sehen werden.

Freiheit hat also grundsätzlich mit der Angst zu tun, ja sie entbindet die Angst, setzt sie frei. Und durch die Angst entsteht ein vermehrtes und vertieftes Bedürfen nach Sicherheit, nach Halt, nach Halt gebenden Strukturen im Leben und in den Abläufen des Alltags. Und diese Angst, wie Kierkegaard sie in seinem Werk „Der Begriff Angst" vor allem beschreibt, ist existentiell zu verstehen.

Das heißt, sie kann in jeder Lebenssituation, in der es um das Verhältnis von Freiheit und Sicherheit geht, vehement aufbrechen, wie im Altersheim, in der Pflege, in der Krankheit, in der Betreuung und Begleitung.

Grundsätzlich sucht mithin jeder Mensch nach Halt, weil er sich in seiner Freiheit und sogar – sowie gerade – durch die Freiheit bedroht fühlt. Denn die Freiheit ist immer auch die Möglichkeit, in ihr und an ihr zu scheitern, und das ruft die Angst hervor. Es ist verständlich und für jeden nachvollziehbar, daß das Suchen nach Halt eine Gegenbewegung zur Angst darstellt. Und mit dieser Gegenbewegung haben wir es ebenfalls in der Altenpflege zentral zu tun, weil sie alle Arbeitsbereiche durchzieht.

Dieses Suchen nach Halt gebenden Strukturen, nach Menschen, nach Vorstellungen usw., belebt eine weitere unbedingt zu beachtende Dynamik. Hat der Mensch einen Halt gefunden, etwas entdeckt, woran er sich halten mag und kann, dann taucht eine neue Angst auf – nämlich jene, diesen Halt wieder zu verlieren bzw. aufgeben zu müssen. Denn in der Welt ist nichts sicher, wie jeder spürt und weiß.

Freiheit – Sicherheit und Angst stehen in einer eigenartigen Dynamik zueinander; sie bilden einen *circulus vitiosus*, aus dem ein Herauskommen so leicht nicht möglich ist. Um aus diesem Teufelskreis herauszufinden, wird es notwendig sein, noch eine andere Dimension menschlicher Existenz kurz zu bedenken.

Im Grunde geht es uns Menschen nämlich noch um etwas anderes als um Sicherheit und Freiheit. Im Grunde geht es uns um eine *Gewißheit des Lebens*. Wie anders würden wir das gestellte Thema und die damit aufzuweisenden Fragen behandeln können, wenn es um Gewißheit ginge! Wieviel Gewißheit verträgt folglich die Freiheit? „Soviel wie möglich", würden wir spontan antworten. Aber das große Defizit aller Sicherheit und aller Sicherheit gebenden Strukturen besteht darin, die Gewißheit nicht geben zu können, welche wir aber so dringend bräuchten, und zwar gerade auch im Alter, im Altersheim, in der Pflege und Betreuung.

Bleiben Freiheit und Sicherheit das wesentliche Bezugsfeld unseres Fragens, ja unseres Lebens, dann bleiben wir in dem schon erwähnten Dilemma stecken. Nehmen wir Sicherheit und Freiheit als alleinige Maßstäbe für unser Leben, dann muß alles Altern und Älterwerden nur als ein permanenter Verlust gesehen und erlebt werden. Der Abbau des Körpers in all seinen Funktionen raubt Sicherheit und Freiheit, die zunächst noch mühsam kompensiert werden können, dann jedoch mehr und mehr aufgegeben werden müssen. Freiheit und Sicherheit enden im Tod, sowohl in ihrem Verlust als auch in der Überbietung von Sicherheit bis hin zum Perfektionismus.

2. Altern und Gewißheit des Lebens

Altern ist Abbau, Verlust, wohin man auch schaut. Wäre es deshalb nicht sinnvoller, von Veränderung statt von Abbau zu sprechen? Natürlich möchte man sogleich zustimmen, aber solche Zustimmung setzt voraus, daß sowohl Altern wie das Alter selbst, und somit auch Altenpflege und Altenheim, in einem anderen Horizont wahrzunehmen sind als in dem des Abbauens und des Verlustes, welche sich letztendlich allein am Maßstab von Leistung und Funktionalität messen. Denn Sicherheit und Freiheit können im Alter nur eine Verlustbilanz aufweisen.

Solches Messen aber ist auch schnell vermessen, wenn zum Beispiel eine Definition von Zielen in Betreuung und Pflege verlangt wird, die sich letztendlich doch an einer fragwürdigen Funktionalität orientieren, um einen Qualitätsstandard zu sichern – eben einen funktionalen Qualitätsstandard, der noch kein menschlicher bzw. humaner Standard sein kann.

Ich werde es nie vergessen, als vor Jahren schon sich in einem Pflegeheim folgende kleine Begebenheit eher am Rande ereignete: Es war ein wunderschöner Maitag; die Kirschbäume standen in voller Blüte, und auf dem Balkon saß die alt gewordene, auch müde gewordene Bäuerin und schaute, sie sah nicht, sie *schaute* in den blühenden Baum – zufrieden, abwesend, lebendig. Der Konflikt begann, als es darum ging, sie zur Ergotherapie im Untergeschoß bringen zu wollen, denn dies war – zwecks Verbesserung ihres (ja was) funktionalen Zustandes? – verordnet.

Reaktivierende Pflege benötigt ebenfalls einen Maßstab. Wie viele alte Menschen, vor allem sehr alte Menschen, werden mobilisiert, ob sie wollen oder nicht, weil es nämlich „gut" für sie sei, denken wir. Eine solche Zwangsmobilisierung aber ist keine Lebensqualität. Denn in ihrem Schauen realisierte die alte Bäuerin das, was ich „Gewißheit des Lebens" nenne; sie war voll und ganz im ganzen Leben in diesem Augenblick, und dies ist die entscheidende Qualität, von der sie allein eine Gewißheit hatte. Wer von uns würde sich denn, solange er sich wehren kann, ins Untergeschoß fahren lassen, wenn der blühende Kirschbaum jetzt die ganze Gewißheit des Lebens repräsentiert, bis ins innerste Fühlen hinein?

So wichtig dies Funktionale, Meßbare etc. ist – und es ist fraglos wichtig, so wird jedoch sehr schnell erkennbar, daß dies allein nicht hinreichend sein kann, um die zu bewältigenden Aufgaben des Alters in Würde gewähren zu können. Welche Perspektive brauchen wir also, um von *Veränderung statt von Abbau* sprechen zu können? Veränderung setzt ein Bleibendes voraus; etwas, das währt, dauert und die Kraft besitzt, die Veränderungsprozesse in ein Sinnvolles (und nicht nur Zweckhaftes) zu integrieren.

Im Geiste unserer Zeit, der postsäkularen Zeit, ist es kaum möglich, das Altern anders denn als Verlust wahrnehmen zu können. Selbst wenn wir immer wieder betonen und es auch statistisch ausweisen können, das Altern besser sei als sein Ruf, so müssen wir einen anderen – darf ich sagen – „absoluten Anfang" unbedingt zum Ausgang weiterreichender und tiefgehender Besinnung und Forschung machen. Und es gilt aufzuweisen, daß Altern, ja auch das Sterben selbst kein Verlust ist, sondern Veränderung bei bleibender Würde und Ganzheit des Menschen, bis in die Demenz, bis in den Tod hinein.

3. Altern als „Zurücktreten aus den Erscheinungen"

Es war Johann Wolfgang von Goethe, der einmal gesagt hat, Altern sei das Zurücktreten aus den Erscheinungen. Ein tiefsinniger Gedanke von phänomenologischem Rang, dem ich an dieser Stelle etwas nachgehen möchte.

Mit unserem Geborenwerden, mit unserem Zur-Welt-Kommen, wie genauer zu sagen ist, treten wir in Erscheinung, nehmen Rollen an, suchen nach Identität, arbeiten und leisten und fühlen uns darin frei und sicher – doch wie lange? In die Welt treten bedeutet, in Erscheinung zu treten; wir können auch sagen, wir treten in ein *Außen*. Fortan wird alles, was wir tun, was wir sagen, wie wir uns bewegen, wie wir uns fühlen, „Äußerung" sein. Und dieses Sich-Äußern kann gedeutet, interpretiert, getestet, statistisch erfaßt werden. Eine berechtigte Angst taucht hierbei auf, nur gedeutet oder interpretiert und damit mißverstanden zu werden. Wer von uns kennte sie nicht, diese spezifische Angst, durch eine bloß äußere Sichtweise mit ihrem Urteil nicht verstanden zu werden?

Aber jede Äußerung, sei sie nun verbal oder nonverbal, bleibt eben notwendigerweise Deutungen unterworfen, die ihren Maßstab allein aus dem Bereich der Sichtbarkeit, der Meßbarkeit, her nehmen. Ob ich verstanden werde gerade dann, wenn ich mehr und mehr aus den Erscheinungen, also aus dem Bereich der Sichtbarkeit, zurücktrete? Dies ist die bange Frage aller Menschen, alter Menschen, hilfloser Menschen, angewiesener Menschen in oft dramatischer Weise. Für alte Menschen ist es aber oft so, daß sie selbst nicht verstehen und von den Pflegenden nicht verstanden werden. Dann wird die Angst virulent. Ich glaube, daß viele Probleme und Schwierigkeiten auch im psychosomatischen Bereich zurückzuführen sind auf ein solches Nicht-verstanden-werden.

Können jene, die in Altenarbeit und Pflege tätig sind, wirklich verstehen, wenn der Horizont der Sichtbarkeit sich auflöst, und das Wesentliche, das, was mit dem Herzen mehr als mit dem Auge wahrgenommen werden will, allein noch Gewißheit zu geben vermag? Denn alles, was sichtbar ist, steht in einer Distanz zu uns, die wir zu überwinden versuchen mit Sprache, Gestik; vor allem jedoch mit dem, was wir „Einfühlen" nennen – Empathie eben. Aber auch die Empathie bewegt sich meistens an der Oberfläche, und deshalb sprechen wir heute in einer phänomenologischen Psychologie auch angemessener von *Intropathie* (Funke/Kühn 2005, 189). Wir können und sollten sie in diesem Kontext *Barmherzigkeit* nennen, was abgeleitet soviel wie „in den Bauch des Anderen kriechen" bedeutet. Denn Bauch meint hierbei den Sitz des innersten Empfindens.

Und jetzt sind wir am Grund. Denn das, was bleibt, bis zum Ende bleibt, ist unser Empfinden-können. Alles, was für uns ist, muß von uns empfunden werden, um für uns sein zu können. Im Altern zieht sich das Empfinden nun mehr und mehr von der Welt zurück, wie wir schon andeuteten, ohne sich dadurch in einem Nichts zu verlieren, sondern um sich vielmehr im Selbstempfinden immer wieder die Gewißheit des Lebens zugänglich zu machen. Diese allein kann Geborgenheit geben, auch dann, wenn die Welthorizonte – sprich die Halt gebenden Beziehungen – sich auflösen.

Denn nur als Lebendiger kann ich empfinden. Und das Empfinden, wie immer es gefärbt und getönt sein mag, ist absolute Lebendigkeit ohne Mangel. Erst wenn wir bereit sind, das Empfinden als Lebendigkeit ohne Mangel zu verstehen, können wir davon sprechen, daß Altern Veränderung ist – und keineswegs Verlust. Der Verlustgedanke ergibt sich zwangsläufig, wenn wir allein von der Welt her unser Altwerden bedenken. Wie aber, wenn wir diesen Prozeß vom Leben selbst her verstünden? Dann ließe sich zeigen und aufweisen, daß es eine unveräußerbare Gewißheit in jedem Augenblick gibt, die zum Beispiel in der Pflege gar nicht „gemacht" werden muß, sondern in der Begegnung mitgeteilt wird. Das Teilen ist hier sehr wichtig.

Wenn ich alte Menschen wahrnehme, muß ich oft an ein Gedicht von Rainer Maria Rilke denken. Sie kennen es sicher:

„Sein Blick ist vom Vorübergehen der Stäbe
So müd geworden, daß er nichts mehr hält.
Ihm ist, als ob es tausend Stäbe gäbe
Und hinter tausend Stäben keine Welt."

Der müde gewordene Blick hält die Welt nicht mehr. Fällt es uns auf, wie hier die Perspektive korrigiert wird? Nicht die Welt hält den Blick; der Blick, welcher je konkretes Empfinden ist, hält die Welt. Und wenn er müde geworden ist, dann wendet er sich nach innen. Die alte Bäuerin konnte den blühenden Kirchbaum noch halten in ihrem

Blick, und dieser Blick gab ihr mehr als Halt – er gab ihr Gewißheit.

„Nur manchmal schiebt der Vorhang der Pupille
Sich lautlos auf –. Dann geht ein Bild hinein,
geht durch der Glieder angespannte Stille –
und hört im Herzen auf zu sein."

Was im Herzen aufhört zu sein, das ist aus der Welt ins Leben genommen, ins reine Empfinden, welches zum Beispiel auch in aller Demenz lebendig und wirksam bleibt. Wir können in der Tat die alten Menschen nicht zum Blick in die Welt zwingen und sollten es auch nicht versuchen. Wir können nur dem folgen, was als Empfinden ins Herz eingegangen ist und was dort „unverlierbar geborgen bleibt", wie Viktor E. Frankl es einmal formuliert hat.

Mit dem kommunizieren können, was ins Herz hineingegangen ist. Nichts kann die Lebensqualität alter Menschen nachhaltiger verbessern als diese gelungene, einfühlsame, verstehende Begegnung. Gelingt dies nicht, dann kann der alte Mensch sich nicht mehr mitteilen. *Sich*, das ist nicht nur der momentane sprachliche Augenblick, sondern das ist der alte Mensch in seinem Gewordensein; eben in seiner ganzen Biographie, die er oft im Herzen verborgen hält – auch aus Angst, sie mitzuteilen, weil sie dann korrigiert, belächelt, geregelt, eben nicht verstanden wird. Jede Äußerung, die unverstanden und damit unbeantwortet bleibt, macht Angst und nimmt jene Freiheit, die mit Sicherheit nicht kompensiert zu werden vermag.

4. Ein neuer Bezugsrahmen

Ist Lebensqualität in unserer Zeit denkbar für Menschen, denen das genommen wird, was nach allgemeinem Verständnis als „lebenswert" gilt? Die Überbetonung des Funktionalen, des Äußeren und vor allem die des Bewußtseins, machen es für alte Menschen und für jene, die sie pflegen und begleiten, sehr schwer. Wie schon betont, brauchen wir einen anderen Bezugsrahmen.

Das Empfinden ist elementarste Basis der Gewißheit, und dieses Empfinden muß verstanden werden, auch wenn es sich in unserem Innersten verborgen hält. Sind alte Menschen, ja vor allem demente alte Menschen, nicht gerade Weltmeister auf der Gefühlsebene, so fragte DDr. Marina Kojer beim 1. Vorarlberger Palliativtag im Kulturhaus von Dornbirn, und sie erzählte weiter: „Wir lachen oft über demente und verwirrte Menschen. Ich darf Ihnen dazu eine Strophe aus dem „Abendlied" von Matthias Claudius vorlesen:

„*Seht ihr den Mond dort stehen?*
Er ist nur halb zu sehen und ist doch rund und schön.
So sind wohl manche Sachen,
die wir getrost belachen,
weil unsere Augen sie nicht sehen."

Ich habe viele Jahre intensiv mit dementen Menschen zusammen gearbeitet. Ich bin unendlich bereichert worden durch diese Menschen. Wenn ich sehr traurig war, habe ich mich in ein Zimmer mit lauter dementen Menschen gesetzt. Sie haben meine Traurigkeit sofort gespürt und mich getröstet. Sie sind wunderbare Tröster, und sie sind unendlich feinfühlig. Sie sind Weltmeister auf der Gefühlsebene. Nur der demente alte Mensch ist Experte für sich selbst, aber oft kann er uns nicht mehr sagen, daß er Schmerzen hat und kann auch nicht mehr um Hilfe bitten". So weit Frau DDr. Marina Kojer.

Der alte Mensch bleibt ein Empfindender, und das Empfinden ist seine Würde, die er in jedem Augenblick lebt und leidet. Solange wir nicht in der Lage sind, Schmerzen, Befindlichkeitsstörungen, quälende Symptome, Wünsche, Bedürfnisse und auch Freude und Glück zu erkennen, ist alles Fachwissen umsonst. „Lernen ist viel, sehr viel, und wenn sie dann dem *homo patiens* begegnen, vergessen sie alles, was sie gelernt haben", hat Viktor E. Frankl uns als einem seiner Schüler mahnend und herausfordernd mit auf den Weg gegeben. Allein er hat uns nicht gesagt, wie wir das Vergessen lernen können – das haben mich die Patienten gelehrt.

Neben dem Empfinden bleibt als eine weitere Möglichkeit der innersten Gewißheit ein unverlierbares *Können*, welches wie das Empfinden nicht im Sinne einer objektivierenden Empirie zu messen ist. „Menschsein ist immer ein Können", so nachmals Viktor E. Frankl. Auch hier ist ein innerstes Können gemeint; ein Tun des Leibes, welches stets mehr bedeutet, als unser waches Bewußtsein erfassen kann. Atmen, kleinste Bewegungen der Augen, Stöhnen, Jammern, auch innere kaum mehr wahrnehmbare Freude, die sich in der Herzfrequenz zeigt. Auch dieses Können bietet eine nicht verlierbare Ermöglichung von Gewißheit als *Lebendigkeit*.

Ich fasse kurz zusammen. Am Thema „Freiheit als Sicherheit" als alleinigem Bezugsfeld für Altenpflege werden wir scheitern. Es ist not-wendig, eine höhere, bzw. tiefere Dimension aufzusuchen, nämlich das Leben selbst, welches diesseits von gewohnten und favorisierten Weltbezügen das Leben bleibt, auch wenn es sich aus den Erscheinungen zurücknimmt. Leben aber ist immer ein konkretes Empfinden und Können, das auch dem alten Menschen nie verlorengeht – und deshalb auch nicht „hergestellt" werden muß in Pflege und Begleitung. Es bedarf jedoch einer eigenen lebendigen Präsenz, die geübt werden kann und mehr als fachliches Wissen und Können darstellt.

Literatur

L. AHNERT (HG.), Frühe Bindung. Entstehung und Entwicklung. München: Reinhardt 2004.

G. BATESON, Ökologie des Geistes. Frankfurt/M.: Suhrkamp 1983.

H. BERGSON, Zeit und Freiheit. Eine Abhandlung über die unmittelbaren Bewußtseinstatsachen. Jena: Diederichs 1911.

-, Schöpferische Entwicklung. Jena: Diederichs 1912.

P. BÜRGER, Theorie der Avantgarde. Frankfurt/M.: Suhrkamp 1974.

J. CHU/J. MATHEWS/L. FREY, Die Natur traumatischer Erinnerungen an Mißbrauch in der Kindheit. Dissociation IX/1-3 (1996) (dt. Übers. Vielfalt e. V., Bremen).

TH. DEEKE, „Ich gestalte die Zeit, nicht den Augenblick." Über Roman Opalka. In: Kritisches Lexikon der Gegenwartskunst Band 15. München: Kindl 1991.

G. DELEUZE, Henri Bergson zur Einführung. Hamburg: Junius 2001.

H. FRANK/B. MEDER, Einführung in die Kybernetische Pädagogik. München: Deutscher Taschenbuch Verlag 1971.

V. E. FRANKL, Ärztliche Seelsorge. Wien: Deuticke 1982.

-, Logotherapie und Existenzanalyse. Stuttgart: Quintessenz 1994a.

-, Der unbewußte Gott. München: DTV 1994b.

-, Der Wille zum Sinn. München: Pieper 1996a.

-, Der leidende Mensch. Bern: Huber 1996b.

G. FUNKE, Heilung – trotz Leiden. In: A. LÄNGLE (HG.), Wege zum Sinn. München: Piper 1985.

-/R. KÜHN, Einführung in eine phänomenologische Psychologie (Seele, Existenz und Leben Band 1). Freiburg/München: Alber 2005.

H. GÄRTNER, Zwischen Management und Nächstenliebe. Mainz: Grünewald 1995.

K. GROSSMANN U. K. E. GROSSMANN, Bindungen – das Gefüge psychischer Sicherheit. Stuttgart: Klett-Cotta.

- U. A. (HG.), Die Bindungstheorie: Modell, entwicklungspsychologische Forschung und Ergebnisse. In: H. KELLER (HG.), Handbuch der Kleinkindforschung. Bern: Huber 2003.

R. GUARDINI, Begegnung und Bildung. Würzburg: Werkbund 1956.

M. HENRY, La généalogie de la psychanalyse. Le commencement perdu. Paris: PUF 1985.

-, Radikale Lebensphänomenologie. Freiburg/München: Alber 1992.

-, Die Barbarei. Eine phänomenologische Kulturkritik. Freiburg/München: Alber 1994.

-, „Ich bin die Wahrheit". Für eine Philosophie des Christentums. Freiburg/München: Alber 1999.

-, Inkarnation. Eine Philosophie des Fleisches. Freiburg/München: Alber 2002.

-, Affekt und Subjektivität. Lebensphänomenologische Beiträge zur Psychologie und zum Wesen des Menschen. Freiburg/München: Alber 2005.

M. HUBER, Multiple Persönlichkeiten. Frankfurt/M.: Fischer 1996.

E. HUSSERL, Vorlesungen zur Phänomenologie des inneren Zeitbewußtseins (Husserliana X). Den Haag: Nijhoff 1966.

S. KIERKEGAARD, Der Begriff Angst. Hamburg: Meiner 1984.

E. KÖNIG/H. RIEDEL, Systemtheoretische Didaktik. Weinheim-Basel: Beltz 1979.

R. KÜHN, Existenz und Selbstaffektion in Therapie und Phänomenologie. Wien: Passagen 1994.

-, Leben als Bedürfen. Eine lebensphänomenologische Analyse zu Kultur und Wirtschaft. Heidelberg: Physica-Springer 1996.

-, Geburt in Gott. Religion, Metaphysik, Mystik und Religion. Freiburg/München: Alber 2003a.

-, Gabe als Leib in Christentum und Phänomenologie. Würzburg: Echter Verlag 2003b.

-, Leben. Eine Besinnung. Freiburg/München: Alber 2004.

-/R. STACHURA, Patho-genese und Fülle des Lebens. Eine phänomenologisch-psychotherapeutische Grundlegung (Seele, Existenz und Leben Band 2). Freiburg/München: Alber 2005a.

-, Innere Gewißheit und lebendiges Selbst. Würzburg: Königshausen & Neumann 2005b.

A. LÄNGLE, Zwischen existentieller Sinnerfüllung und Burnout, in: Existenzanalyse 1/18 (2001).

J. LEDOUX, Das Netz der Gefühle. München: Hanser 1998.

E. LÉVINAS, Die Spur des Anderen. Untersuchungen zur Phänomenologie und Sozialphilosophie. Freiburg/München: Alber 1992.

P. LEVINE, Trauma – Heilung. Berlin: Synthesis Verlag 1998.

E. LUKAS, Wie Leben gelingen kann. Geschichten mit logotherapeutischer Heilkraft. Stuttgart: Quell Verlag 1996.

F. T. MARINETTI, Gründung und Manifest des Futurismus. In: W. ASHOLT/W. FÄHNDERS (HG.), Manifeste und Proklamationen der europäischen Avantgarde. München: Prestel 1975, 3-7.

MEISTER ECKHART, Deutsche Predigten und Traktate. München: Diogenes 1979.

J. METCALFE/D. JACOBS, A „hot system/cool system" view of memory under stress. PTSD Research Quartely VII/2

(1996) (dt. Übers. M. Huber, Dt. Inst. f. Psychotraumato-
logie).

A. NOSCHKA, Die Bildung heilsamer Kräfte durch das medita-
tive Denken. Gesundheitsforum Gemeinschaftskrankenhaus
Havelhöhe: Berlin 19. November 2004.

U. OTT, Wie die Träumenden. „Fries der Lauschenden". Im
Gespräch mit Ernst Barlach. Stuttgart: Eschbach 2001.

L. REDDEMANN, Imagination als heilsame Kraft. Stuttgart:
Pfeiffer bei Klett-Cotta 2001.

B. ROTHSCHILD, Der Körper erinnert sich. Die Psychophysio-
logie des Traumas und der Traumabehandlung. Berlin: Synthesis Verlag 2002.

U. SACHSSE/L. REDDEMANN, Stabilisierung. In: Persönlich-
keitsstörungen 3 (1997).

M. A. SORACE, Nach dem Scheitern der „Gottsucherbande".
Theologische Kritik der Avantgarde (Diss. Kath.-Theol. Fakultät Univ. Bochum 2005) (im Erscheinen).

G. SUESS, Eltern-Kind-Bindung und kommunikative Kompe-
tenzen kleiner Kinder – die Bindungstheorie als Grundlage
für ein integratives Interventionskonzept. In: A. von SCHLIP-
PE, G. LÖSCHE & C. HAWELLEK (HG.), Frühkindliche Le-
benswelten und Erziehungsberatung. Die Chancen des Anfangs. Weinheim-Basel: Beltz 2001.

C. TOMKINS, Marcel Duchamp. Eine Biographie. Mün-
chen/Wien: EVA 1999.

F. J. VAN DER GRINTEN/F. MENNEKES (HG.), Abstraktion –
Kontemplation. Auseinandersetzung mit einem Thema der
Gegenwartskunst. Stuttgart: Kohlhammer 1987.

B. VAN DER KOLK/A. BESSEL/J. BARBRIDGE/J. SUZUKI, Die
Psychobiologie traumatischer Erinnerungen. Klinische Fol-

gerungen aus Studien über Neuro-Imagination. Vortrag Tagung „Trauma und Adoleszenz" Tiefenbrunn Februar 1997.

M. WAGENSCHEIN, Die pädagogische Dimension der Physik. Braunschweig: Westermann 1976.

Autorenverzeichnis

HEIKE BRANDT-HEBERT, geb. 1941, Atemtherapeutin (Middendorf), Logotherapeutin, Heilpraktikerin für Psychotherapie, eigene Praxis in Berlin.

SUSANNE BROOKMANN, geb. 1954, Psychologische Psychotherapeutin; Therapieausbildungen in Traumatherapie, Existenzanalyse und Logotherapie; Arbeit in eigener Praxis in Berlin mit Schwerpunkt chronischer Traumatisierung.

GÜNTER FUNKE, geb. 1948, Leiter des Instituts für Existenzanalyse und Lebensphänomenologie Berlin (www.guenterfunkeberlin.de); Theologe, Psychotherapieausbildung bei Viktor E. Frankl; eigene psychotherapeutische Praxis; umfangreiche Vortragstätigkeit in Österreich und Deutschland.

JUTTA KAHLEN, geb. 1951 in Aachen; Studium der Medizin in Köln, Promotion und Facharztausbildung zur Internistin in Münster/Westf.; Zusatzausbildung zur Betriebsärztin in Osnabrück, langjährige Krankenhaustätigkeit als Internistin in Münster und Berlin; in Berlin auch wissenschaftl. Assistentin am Institut für Neuropathologie der FU sowie Ausbildung zur Sozialmedizinerin und Logotherapeutin; als solche derzeit tätig in Berlin bei der Deutschen Rentenversicherung bzw. in freier Praxis.

JOHANNES KREISSL, Dr. med., geb. 1938 in Prag, bis 2004 Oberarzt in der Heinrich-Heine-Rehabilitations-Klinik für Innere Medizin, Psychosomatik, Orthopädie und Schmerztherapie in Neu-Fahrland bei Potsdam; weiterhin dort tätig u. a. im Rahmen der Rekreationstherapie und Trauergruppe

ROLF KÜHN, Dr. phil., geb. 1944; Hauptarbeitsgebiete: Phänomenologie, psychologische Anthropologie, Kultur- und Religionsphilosophie; zahlreiche Veröffentlichungen; wissenschaftl. Mitarbeiter am Institut für Existenzanalyse und Lebensphänomenologie Berlin; mit Karl Heinz Witte Herausgeber der Zeitschrift *psycho-logik*. Jahrbuch für Psychotherapie, Philosophie und Kultur".

BRITTA MALLINGER, geb. 1976 in Steyr (Österreich), Studium der Philosophie und Politikwissenschaft Universität Wien; Psychotherapeutisches Propädeutikum Wien, Yogalehrerausbildung in Wien und Australien, Ausbildungskandidatin für das Fachspezifikum in Existenzanalyse und Logotherapie Wien.

ROSWITHA MAYR, Mag., unterrichtet am Bundesgymnasium Ried/Innkreis (Koordinatorin des Psychosozialen Netzwerkes an derselben Schule: AMICI – Anti-Mobbing-In-Classrooms-Initiative) und arbeitet nach einer mehrjährigen Ausbildung in Logotherapie und Existenzanalyse seit 1999 in freier Praxis; in Zusammenarbeit mir Rolf Kühn Aufbau des Instituts für Lebensphänomenologie Österreich (www.lebensphaenomenologie.at).

SUSANNE PROSKE, geb. 1971 in Berlin, Sozialpädagogin, Weiterbildung in Logotherapie und Existenzanalyse, Weiterbildung Lebensphänomenologie

KAROLA SAMIDE ist seit über 25 Jahren als Lehrerin in Berlin tätig; war über 20 Jahre freie Mitarbeiterin im I. H. Schultz-Institut für Psychotherapie, ärztliche Hypnose und Autogenes Training und beschäftigt sich seit 5 Jahren im Institut für Existenzanalyse und Lebensphänomenologie Berlin mit der Logotherapie und Lebensphänomenologie.

MARTIN SCHADT, Dr. med., geb. 1961 in Stuttgart; 1988-89 Grundausbildung in Existenzanalyse und Logotherapie bei Günter Funke (Berlin), Studium der Humanmedizin an der Freien Universität Berlin 1986-92. Nach einigen Jahren Tätigkeit in der Inneren Medizin 1997-2004 an der Kantonalen Psychiatrischen Klinik in Münsterlingen (CH). 2000-02 Ausbildung in Paar- und Familientherapie am Ausbildungsinstitut in Meilen (CH); seit 2005 als Psychiater und Psychotherapeut in der Praxis eines Kinderpsychiaters und -psychotherapeuten in Romanshorn (CH).

GERHILD SCHÖBERL, geb. 1975 in Oberösterreich, Kindergartenpädagogin, Weiterbildung in Logotherapie, Existenzanalyse und Lebensphänomenologie in Berlin; Studium der Pädagogik in Wien und Berlin; derzeit Teilnahme an einem Forschungsprojekt und Diplomarbeit zum Thema „Frühe Bindung".

MARCO ANTONIO SORACE, Dr. theol., geb. 1970, studierte in Bonn und Bochum Theologie und Kunstgeschichte. Währenddessen war er für das katholische Bildungswerk der Erzdiözse Köln immer wieder im Bereich der Kunstvermittlung tätig. 2005 beendete er eine Dissertation zur Theologie der Avantgarde an der Kath.-Theol. Fakultät der Ruhr-Universität Bochum.